박물관이 들려주는
경제 이야기

박물관이 들려주는 경제이야기

제1판 1쇄 발행 2006년 7월 20일
개정판 1쇄 발행 2018년 2월 15일

지은이 | 박물관이야기
책임편집 | 오승현
디자인 | 박혜란, 이아영

발행인 | 이희원
발행처 | 글로연
주소 | 서울특별시 영등포구 당산로 41길 11, SK V1센터 W동 1104호
전화 | 070-8690-8558
팩스 | 02-325-8586
e-mail | gloyeon@naver.com
출판등록 | 2004년 8월 23일
등록번호 | 제313-2004-196호

ISBN 978-89-92704-55-7   73300

• 가격은 뒤표지에 있습니다.
• 잘못된 책은 교환해 드립니다.

이 도서의 국립중앙도서관 출판예정도서목록(CIP)은 서지정보유통지원시스템 홈페이지(http://seoji.nl.go.kr)와
국가자료공동목록시스템(http://www.nl.go.kr/kolisnet)에서 이용하실 수 있습니다.(CIP제어번호: CIP2017025357)

엄마와 함께 보는 글로연 박물관 시리즈

박물관이 들려주는 경제 이야기

박물관이야기 지음

글로연

여는 글

박물관이야기가 말하는
박물관, 그리고 **경제이야기**

패션이 뭐지? 사람은 왜 아플까? 공룡은 왜 사라진 걸까? 옛날 사람들은 무얼 먹고 살았을까? 이런 물음이 생길 때, 책을 보면서 궁금한 것에 대한 답을 찾아가는 것도 좋지만, 그 물음과 관련이 있는 박물관에 직접 가서 답을 찾아 보면 더 좋지 않을까요? 다양한 주제의 전문박물관이 우리 주변에는 정말 많이 있습니다. 박물관을 백과사전이라고 생각해 보세요. 백과사전을 보는 것처럼 자신에게 필요한 박물관을 꺼내어 보는 것이지요.

이 책에서 만날 주제는 '경제'입니다. 박물관도 어려울 것 같은데, 거기다가 딱딱한 '경제'라니! 걱정 마세요. 『박물관이 들려주는 경제이야기』는 엄마 아빠와 함께 이야기를 나누며 박물관으로 나들이하는 즐거움이 느껴질 수 있도록 꾸며졌습니다. 이야기를 따라 박물관으로 들어가면 마치 책 속의 주인공이 된 것처럼 자연스럽게 박물관과 가까워지고 경제에 대해 잘 알 수 있을 것입니다.

'박물관에 간 김에 전시물을 모두 다 보고 와야지' 라고 마음먹으면 쉽게 지치고 피곤해진답니다. 특히 규모가 큰 박물관은 많이 보겠다는 생각을 버리고, 분야별로 나누어 여러 차례에 걸쳐 보는 것을 권합니다. 〈박물관이 들려주는 경제이야기〉도 이렇게 나누어서 보았습니다. 박물관의 전부를 소개하기보다는, 각각의 박물관에서 '경제'에 맞는 전시물을 찾아서 동선을 정해 사진과 함께 설명을 해 놓았습니다. 필요한 곳에는 이야기를 곁들이기도 하였고, 체험활동이나 놀이를 제시하기도 하였습니다. 부록으로 각각의 박물관에서 본 것들을 다시 생각해 보고 정리할 수 있도록 현장활동지를 만들어 넣었습니다. 모쪼록 박물관에서 만나는 경제이야기가 즐겁기를 바랍니다.

박물관이야기
남경애, 오현애, 이찬화

아나와 바다, '경제'를 만나다?

우리 가족은 할아버지와 아빠, 엄마, 초등학교 2학년인 남동생 바다, 그리고 5학년인 저 아나 이렇게 다섯이랍니다. 할아버지께서 식물을 좋아하셔서 1층에 작은 정원을 가꿀 수 있는 아파트에 살아요. 할아버지는 컴퓨터로 쇼핑을 하고, 영상 통화를 하는 모습을 보실 때마다 "참 좋은 세상이야."라고 하십니다. 하루에도 몇 번씩이나 그렇게 말씀하시지요.

오늘은 아빠의 월급날이에요. 우리들이 용돈을 받는 날이기도 하지요 호호. 아빠는 매달 이 날엔 고기를 사오세요. 아빠가 어릴 땐 생활이 어려워서 명절이 되어야만 고기를 맛볼 수 있었대요. 그래서 아빤 한 달 중 제일 돈이 많이 생기는 월급날에는 꼭 고기를 먹어야지 돈을 버는 보람이 있다고 하신답니다.

아무튼 오늘 저희 집에는 푸짐한 고기잔치가 열렸어요. 고기는 물론이고, 상추, 깻잎, 고추까지 풍성했지요. 한겨울인 날씨에도 푸릇푸릇한 채소가 가득한 저녁상에 앉으신 할아버지께서는 또 "세상 참 좋아졌어."라는 말씀을 하십니다. 할아버지가 그렇게 말씀하시면 가끔씩은 할아버지께서 살아오신 시절은 어땠을까? 궁금하기도 해요. 우리 할아버지는 1936년에 태어났답니다. 일본으로부터 해방이 되었을 때 10살이셨고, 15살 때 한국전쟁이 일어났지요. 어려운 시절을 살아오신 까닭에 요즘 생활에서 조금만 좋고 편리한 것을 보셔도 세상이 참 좋아졌다고 감탄을 하시는 것이겠지요?

저녁을 다 먹고 우리 가족은 딸기를 먹으며 텔레비전 뉴스를 봤습니다. 뉴스에서는 금값이 자꾸 오르자, 가짜 금으로 만든 돼지를 진짜 금 돼지로 속인 사람들이 잡혔다는 기사가 나왔어요. 금값이 비싸지니까, 겉 모양만 금으로 하고 속을 싼 금속으로 채워 무게를 늘인 다음, 진짜 금돼지인 것처럼 전당포에 맡기고 돈을 챙겼다는 내용이었지요.

그걸 보시고 할아버지께서는 "저런 몹쓸 놈들" 이라 하시며, 사람은 정직하게 자기가 노력해서 살아야 하는 거라고 말씀하셨습니다. 그리고 할머니의 금반지를 전당포에 맡기고 아빠의 대학등록금을 마련했다는 이야기도 해 주셨어요.

"할아버지, 옛날엔 금반지를 맡기고 돈을 받을 수 있었어요? 은행도 아닌데 어떻게 돈을 줘요?"

"요즘 세상이야 은행이 많으니 은행에서 돈을 빌리면 되지. 그렇지만 은행이 많지 않았던 예전에는 값어치가 있는 물건을 전당포에 맡기고 돈을 빌려서 쓰기도 했어. 돈이 생기면 얼마간의 이자를 주고 맡겼던 물건을 찾곤 했단다."

"전당포가 그런 곳이었구나. 전당포는 어떻게 생겼지? 못 본 것 같아요."

"우리 바다가 경제활동에 관심을 가지기 시작했구나?"

"경제활동? 그런데 '경제활동'이 뭐예요?"

"음, 우린 지금 모두 경제활동을 하고 있어. 말이 어려워서 그렇지 경제활동이라는 것은 생활에 필요한 것을 사거나, 병원에 가서 진료를 받고 미용실에 가서 머리를 자르고 하는 모든 것들을 말한단다."

"와, 그럼 저도 경제활동을 하고 있는 거네요."

"그렇지."

"엄마, 그럼 경제는 우리 생활 속에 있는 거네요."

"맞아! 어쩌면 우리 생활 자체가 경제활동이라고 할 수도 있어. 필요한 물건을 사려면 뭐가 있어야 하지?"

"돈이요!"

"돈은 어디서 나지? 일을 해야 돈을 벌 수 있잖아. 그리고 그 돈으로 우리들의 생활에 필요한 음식도 사고, 옷도 사고 또 책도 사지. 저축도 하고 말이야. 이런 게 다 경제활동이라는 것이지."

"아하, 그렇구나!"

"이런 경제활동을 어려운 말로 생산, 분배, 소비로 나눌 수 있단다. 사람이 살아가는 데 필요한 것을 만들어내는 것은 생산, 생산활동에 참가한 사람들에게 대가를 나누어 주는 것을 분배라고 해. 월급 같은 것 말이야. 물건을 사거나 서비스를 받고 그 대가로 돈을 내는 것을 소비라고 한단다."

"아, 이제 알 것 같아요. 우리가 먹는 음식, 입는 옷은 농촌과 공장에서 생산한 거예요. 그리고 일을 한 대가를 받는 것이 분배이고요. 오늘 아빠는 월급으로 분배를 받으신 거네요? 엄마가 고기와 채소를 산 것은 소비를 하신 거고요."

"우리 아나가 경제에 훤해진 것 같구나."

"그럼, 누나. 내가 벼룩시장에서 700원 주고 망원경 산 것도 소비인 거야?"

"맞아, 엄마, 경제에 관해 알 수 있는 박물관에 가보는 것은 어때요?"

"멋진 제안인데? 그럼, 박물관 나들이를 하면서 경제활동에 관련된 것들을 하나씩 찾아서 살펴보기로 하자. 경제를 잘 알 수 있는 박물관에는 어떤 것들이 있을까?"

"지난번 저희 학교 체험학습으로 '한국은행화폐금융박물관'에 갔었어요. 돈이 굉장히 많던데요?"

"그래, 우선 돈에 관해 알아보는 것이 좋겠지? 돈을 주고 물건을 사고 파니까 그 다음으로는 시장에 관해 알 수 있는 박물관에 가면 되겠네."

"저는 경제가 어떻게 시작되었는지도 궁금해요."

"사람이 처음으로 한 경제활동은 먹을 거리를 생산한 것이 아닐까?"

"그렇지요. 농업박물관에 가서 먹을 거리를 생산해 온 농업의 역사를 알아보면 어떻겠니?"

"네! 좋아요."

"그럼, 화폐금융박물관에 가서 돈에 관해 살펴보고, 시장에 관한 박물관은 한국상업사박물관을 보기로 하자. 서울의 역사를 다루는 서울역사박물관에서도 조선시대의 시장을 볼 수 있단다. 그 다음으로 농업박물관을 가면 될 것 같아."

"좀 전에 바다가 전당포의 모습을 궁금해했지? 한국금융사박물관이나 우리은행사박물관에 가면 은행이나 금융활동의 역사에 대해서 자세하게 알 수 있단다."

"엄마, 전 너무 많이 돌아다니면 힘들어서 싫어요."

"맞아. 그건 엄마도 힘들어. 하하. 그러니 한 가지씩 주제를 정해서 조금씩만 볼 거야. 그리고 쉬는 시간도 많이 갖도록 하자꾸나. 대신 너희들이 본 전시물 중에서 가장 마음에 드는 것을 골라 마음 속의 친구로 만들길 바래. 그 친구와 많은 이야기를 나눌 수 있다면 더 좋고 말이야."

이렇게 우리 가족은 경제와 관련된 박물관 나들이를 시작했답니다. 저희 가족과 함께 〈박물관이 들려주는 경제이야기〉 여행을 떠나보지 않으실래요?
자, 출발합니다!

차례

여는 글 • 4

아나와 바다, '경제'를 만나다? • 6

한국은행화폐금융박물관 • 12

신세계한국상업사박물관 • 34

서울역사박물관 • 60

와, 신난다!

우리들이 가 볼 박물관이에요!

농업박물관 • 76

한국금융사박물관 • 96

우리은행은행사박물관 • 114

윷놀이 경제 퀴즈 • 130
현장활동지 • 139

한국은행 화폐금융 박물관

- 돌고 도는 돈

한국은행화폐금융박물관은 한국은행 창립 50주년을 기념해서 2001년 6월 문을 열었단다. 옛날 돈을 가장 많이 볼 수 있는 곳이야. 돈으로 쓰였던 곡식이나 화살촉, 흔히 엽전이라고 부르던 상평통보의 여러 모습을 만날 수 있어. 부모님들이 어린 시절에 사용했던 조금은 오래된 돈들도 볼 수 있지. 그리고 여러 나라의 화폐는 물론 신기하게 생긴 돈도 전시되어 있어. 화폐만 있는 것이 아니라 한국은행의 역사, 한국은행이 하는 일, 화폐가 만들어지기까지의 과정, 위변조 화폐 구별, 물가, 돈과 나라 경제에 관해서도 알 수 있는 곳이란다.

우리는 오늘 이곳에서 '돈이란 뭘까?'를 생각해 보는 시간을 가질 거야. 그래서 화폐가 생겨나기 전에는 무얼 사용했는지, 우리 조상들이 사용했던 화폐는 어떤 것들이 있는지, 그리고 오늘날 쓰이는 돈에 대해 살펴보려고 해. 그다음엔 돈이 어떻게 만들어지는지, 가짜 돈은 어떻게 알아낼 수 있는지, 또 물가가 무엇인지에 대해서도 알아볼 수 있을 거야. 한국은행화폐금융박물관에서 돈의 소중함, 돈의 가치를 잘 알 수 있는 여행을 떠나볼까?

전시장

1층
- 우리의 중앙은행
- 화폐의 일생
- 돈과 나라경제
- 화폐광장
- 상평통보갤러리

2층
- 모형금고
- 세계의 화폐
- 체험학습실
- 기획전시실

우리 이렇게 봐요

1층 전시실 : 화폐광장 → 화폐의 일생 → 돈과 나라경제
2층 전시실 : 모형금고 → 세계의 화폐 → 체험학습실

관람정보

관람시간	화요일~일요일 10:00~17:00
휴 관 일	월요일, 설 연휴 및 추석 연휴, 12월 29일~다음해 1월 2일
입 장 료	없음
문　　의	02.759.4881-2
주　　소	서울특별시 중구 남대문로 39 (남대문로 3가 110)
홈페이지	http://museum.bok.or.kr
교　　통	지하철 1, 2호선 시청역 7번 출구

돈에 관한 여러 가지 생각들

하나 돈을 가지고 하는 일은 무엇일까?

먹을 것이나 입을 것 등을 사는 데 쓴다. 그리고 학비나 세금을 낼 때, 공장에서 재료를 살 때 사용한다. 또 장래를 위해 돈을 저금하기도 한다.

둘 이 세상에 돈이 없으면 어떨까?

우선 물건을 살 때 불편하다. 물건 값을 어떻게 내야 하나? 물건 값을 매기기도 어렵다. '연필 한 자루는 공책 한 권 값하고 같다'라고 매겨야 하나? 또 용돈도 못 받고 저금하기도 어렵다.

셋 돈으로 무엇이든지 해결될까?

- 침대는 살 수 있으나 잠은 살 수 없다.
- 책은 살 수 있지만 생각은 살 수 없다.
- 옷은 살 수 있지만 옷맵시는 살 수 없다.
- 시계는 살 수 있어도 시간은 사지 못한다.
- 음식은 살 수 있지만 맛은 살 수 없다.

넷 돈에 관한 속담 알아보기

돈을 물 쓰듯 한다.
- 돈을 물을 쓰는 것처럼 아껴 쓰지 않는 것을 일컫는 말

말로 천 냥 빚을 갚는다.
- 말을 조리 있게 잘하면 엄청난 빚도 갚을 수 있다는 이야기

주머니 돈이 쌈지 돈이다.
- 한 집안 식구의 재산은 누구의 것으로 되어 있든 마찬가지라는 뜻

사람 나고 돈 났지, 돈 나고 사람 났지 않다.
- 아무리 돈이 중요하다고 해도 돈보다 사람이 더 귀하다는 말

개같이 벌어서 정승같이 써라.
- 돈을 벌 때 힘들게 벌었더라도 쓸 때에는 잘 쓰라는 이야기

시간은 돈이다.
- 시간의 귀중함을 뜻하는 말

돈 지고 저승 가는 사람 없다.
- 돈이 아무리 많아도 죽은 뒤에는 소용이 없으므로 살아 있을 때 잘 쓰라는 뜻

화폐광장으로 가세요!

와~ 이곳엔 돈이 굉장히 많네. 너무 반짝거려서 쓰기 아까울 것 같아요.

그래. 동전이 처음 만들어졌을 땐 저렇게 반짝거리는데 쓰다 보면 너무 더러워지지? 조금만 깨끗하게 쓰면 좋을 텐데.

엄마, 옛날에도 돈이 있었나요?

이렇게 많은 돈을 보니, 돈에 대해 궁금한 것이 많아지는구나. 예전에 돈이 없던 시절에 돈처럼 쓰였던 것들이 있었단다. 물건으로 돈(화폐)을 대신했다고 해서 물품화폐라고 하는데 사람들이 귀하게 생각하거나 흔히 있는 물건으로 사용했어. 이를테면 조개껍질, 화살촉, 쌀, 소금과 같은 것인데, 이것으로 물건의 값을 정해 돈 대신 사용했단다.

볍씨

뼈 화폐

돌 화폐   조개 화폐

물품화폐

물론 이런 물품화폐를 사용하기 전, 까마득하게 먼 옛날 사람들은 자기가 필요한 것은 자기가 해결했단다. 먹을 것은 나무열매를 따거나 물고기를 잡아서 살았고 옷은 풀로 엮든지, 짐승의 가죽을 이용해서 만들어 입었지. 이것을 자급자족이라고 해. 스스로 만들어서 스스로 해결하고 산다는 이야기야.

그러다가 농사법을 알게 되면서 사람들은 한 곳에 머물러 살 수 있게 되었는데 이때부터는 서로 필요한 물건이 있으면 다른 사람들과 맞바꾸기 시작했단다. 물물교환이라고 들어 보았니? 물건과 물건을 바꾼다는 이야기야. 쉽게 말하면, 배추 농사가 잘 되어 먹고 남을 만큼 있는 사람이 있는데, 이 사람은 옷감이 필요했어. 또 옷감을 잘 짜는 사람 가운데 농사를 잘못 지어서 배추가 필요한 사람이 있었어. 이 둘은 서로 배추와 옷감을 바꾸었지. 이 방법은 내가 필요한 것을 가질 수 있어 좋긴 했지만 배추를 지고 다녀야 하니 힘도 들고 내가 필요한 옷감을 누가 가지고 있는지 찾기도 힘들었어.

그래서 사람들이 생각해낸 것이 바로 물품화폐였던 거야. 하지만 이것도 문제가 생기기 시작했어. 생각해 봐. 쌀이나 소금 같은 것들은 얼마나 무겁니? 쌀은 오래 놔두면 벌레가 생기거나 썩어 버리기도 하고, 조개껍질은 이 사람 저 사람 갖고 다니니까 깨져 없어져 버리고 말이야. '필요는 발명의 어머니'라는 말 들어봤지? 그래서 단단하면서도 부피가 작은 쇠나 구리 같은 금속을 가지고 돈을 만들게 된 거야. 어려운 말로 금속화폐라고 한단다. 하지만 금속화폐도 문제는 있었어. 비싼 물건을 살 때는 엽전을 꾸러미로 엮어 수천, 수만 개씩 들고 다닌다고 생각해 봐. 얼마나 무겁겠어? 그래서 생겨난 것이 바로 들고 다니기 편하도록 만든 지폐야.

돈이 그렇게 생겨났구나! 우리나라의 돈도 그렇게 생겨났어요?

기원전 957년에 고조선에서 자모전이라고 하는 철로 된 돈(철전)이 사용되었다는 기록이 『동국사략』(1402년)이라는 책에 나와 있어. 하지만 삼국시대까지는 주로 쌀과 삼베 따위의 물품화폐가 널리 쓰였지. 고려시대에 이르러 건원중보(996년)라는 철로 된 주화가 만들어졌는데, 이것은 현재까지 실물이 전해지는 가장 오래된 화폐란다. 하지만 일반 백성들은 여전히 쌀과 삼베를 화폐처럼 사용하고 있었어. 다른 나라와의 무역이 활발해지면서 은병, 쇄은 등의 금속화폐가 등장했지만 이들은 일부 계층에서만 사용되었단다.

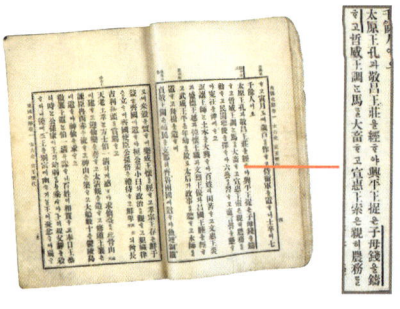  

동국사략
자모전에 대한 내용이 실려있단다.

건원중보
중국의 건원중보와 구별하기 위해 '동국(東國)'자를 넣었어.

은병
은 1근으로 우리나라 모양을 본떠서 만든 것으로 은병 하나의 값어치는 포목 100필과 같았다고 해.

쇄은
쌀 5~6섬에 해당하는 순은 덩어리인데, 필요한 만큼 떼어서 쓸 수 있었다는구나.

 돈이야기 하나

돈을 '돈'이라고 부르게 된 이유는?

우리나라에서 화폐를 '돈'이라고 부르게 된 데에는 몇 가지 설이 있어. 돈이 '여러 사람들의 손에 돌고 돈다'는 데에서 유래했다는 설과, 예전엔 엽전 열 닢을 한 돈으로 불렀다는 것에서 유래되었다는 설이 있지. 또 금과 같은 귀금속이나 약을 재는 단위인 '돈쭝'에서 나왔다는 말도 있단다.

돈 이야기 둘 — 엽전의 말뜻은?

금속활자를 만들 때처럼 상평통보를 만들 때에도 틀을 여러 개 만들어 쇳물을 녹여 부어 굳으면 한 개씩 떼어낼 수 있도록 만들었어. 그런데 떼어내기 전의 모양이 나뭇가지에 잎이 매달린 것과 비슷하다고 해서 '엽전'이라 부르게 된 거야.

조선시대에는 건국 초기에 물품화폐보다는 저화(우리나라 최초의 지폐라고 하는데 실물이 전해지지는 않음)나 조선통보, 전폐를 화폐로 만들어 전국적으로 사용하려고 했으나 널리 쓰이지 못했다는구나.

조선통보
1423년 세종 때 만들어진 돈으로 저화와 함께 사용되었어.

전폐
무기로 쓸 수 있는 화살촉을 화폐로 썼단다.

화폐가 전국적으로 사용되기 시작한 때는 임진왜란이 지나고 나서부터야. 임진왜란을 전후로 농업만으로는 나라의 경제를 유지하기 어렵게 되자, 상업과 공업이 활발해지기 시작했어. 또 전쟁이 끝나자 인구가 급격하게 늘어나고 대동법(세금을 쌀로 통일해서 내는 것)이 실시되면서 경제의 규모가 커지기 시작했거든.

이 시기에 화폐역사상 아주 획기적인 일이 일어났는데, 1678년 숙종 임금 때 상평통보(常항상상 平평평할평 通통할통 寶보배보 - 항상 널리 통용되는 보배)가 만들어진 거란다. 전국적으로 사용된 우리나라 최초의 화폐가 탄생한 것이지. 아마 사진으로 많이 보았지? 이 상평통보는 고종 말엽까지 200년 동안 사용되었거든. 상평통보는 구리와 주석을 섞어서 만들었어.

둥근 모양으로 가운데에는 정사각형의 구멍을 뚫고, 앞면에는 구멍 사방에 '常平通寶'를 한 자씩 넣고, 뒷면에는 돈을 만든 관청의 이름도 넣었지.

앞면　　　뒷면

상평통보

돈 이야기 셋

상평통보에 담긴 하늘과 땅

상평통보를 비롯해서 옛날 조상들이 만든 화폐를 보면 동그란 모양에 네모난 구멍이 뚫어져 있단다. 이것에도 의미가 담겨져 있는데, 무얼까? 둥근 원은 하늘을, 네모는 땅을 의미하는 거야.
우리 조상들은 모든 생각의 원리에 음양오행이라는 하늘과 땅의 이치를 중요하게 여겼어. 동전을 만들 때에도 그 의미가 담기도록 한 것이지.

돈 이야기 넷

머니? 뭐니?

영어의 돈이라는 뜻, 머니(Money)는 어디에서 유래되었을까? 하늘의 여신 주노 모네타(Juno Moneta)의 모네타에서 유래되었다고 전해져. 기원전 269년 로마사람들이 모네타 사원에 최초의 주화공장을 만들면서 이름을 Moneta라 부르고 여기서 만들어진 것들을 모두 Money라고 불렀다는구나.

현재 사용되고 있는 돈은 1950년에 설립된 한국은행에서 발행한 화폐란다. 그동안 화폐단위는 원에서 환으로 바뀌었다가 다시 원으로 되었어. 우리가 요즘 쓰는 100원, 1,000원 하는 단위는 1962년에 정해진 거야. 10,000원짜리 돈은 경제성장이 급격하게 이루어진 70년대에 만들어졌고 1982년부터는 종이돈으로 쓰이던 500원이 동전으로 만들어지게 돼. 돈의 가치가 그만큼 떨어졌다는 말이지.

1950~1953년까지 발행된 100원

1953~1962년까지 발행된 100환

1962년 이후에 발행된 500원

와~할아버지는 이 돈을 다 써보셨겠구나!

우리나라 돈을 '환'으로도 불렀었네.

 ## 돈 이야기 다섯 — 돈과 말은 가까운 사이 '땡전 한 푼 없다?' '한 푼 두 푼 모은 정성'

'푼'은 상평통보 엽전 하나를 일컫는 말인데 하찮다는 말을 할 때 '푼'을 쓰곤 했어. 10푼은 1전, 10전은 1량이었지. 땡전은 고종 임금 때인 1866년에 대원군이 발행한 당백전이 가치가 떨어져 생활이 어려워지자 당시 사람들이 '당백전'을 '당전'으로 세게 발음하여 '땅전'으로, 다시 '땅전'을 '땡전'으로 더 세게 발음하게 되어 오늘날까지 이어진 것으로 여겨진단다.
'땡전 한 푼 없다'는 말의 의미를 알겠지?

 ## 돈 이야기 여섯 — 조선시대 기념주화 '별전'

별전은 상평통보를 만들 때 원료인 구리의 순도와 무게를 확인해 보기 위해 시험 삼아 만든 것에서 시작되었어. 그러다가 복을 가져다주는 문양이나, 소원을 담은 글 등을 새겨 넣어 기념품처럼 가지고 다녔다고 해.

복숭아모양 별전

거북모양 별전

실패모양 별전

일월문 별전

화폐의 일생으로 가세요!

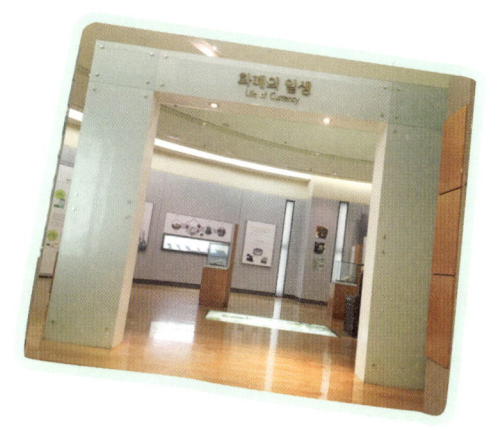

 그럼, 이런 돈은 어디에서 만들죠? 설마 아무나 만들 수 있는 것은 아니겠지요?

 물론! 돈은 국가가 관리하여 발행하고 있어. 우리나라 화폐는 한국은행의 주문에 따라 한국조폐공사에서 만들어. 인쇄를 마쳤다고 다 돈이 되는 것은 아니야. 만들어진 돈은 한국은행 금고에 보관되다가 은행과 같은 금융기관이 필요하다고 하면 화폐를 얼마만큼 발행했다는 것을 기록하고 한국은행 본점이나 지역본부를 통해 나가게 되는데 이것을 발행이라고 해. 돈을 인쇄하는 곳은 한국조폐공사이고, 그 돈이 세상에 쓰일 수 있도록 발행하는 곳은 한국은행이야.

돈을 만드는 과정을 영상으로 자세히 볼 수 있단다. 그럼 지폐와 동전이 어떻게 만들어지는지 알아볼까?

활동

돈이 만들어지는 과정을 비디오로 보자.

 종이돈을 만드는 재료는 과연 종이일까? 우리가 흔히 '종이돈'이라고 부른 지폐는 찢어지지 않도록 질긴 면섬유에 숨은 그림(은화)과 숨은 선(은선)을 넣어서 복잡한 인쇄과정을 통해 만들어진단다.

인쇄를 막 마친 지폐를 보자. 아직 자르기 전의 모습이라서 '이게 돈이야?' 하는 생각이 들지? 이것을 하나씩 잘라 내어 묶음으로 만들면 한 다발의 돈이 되는 것이란다.

종이돈의 재료

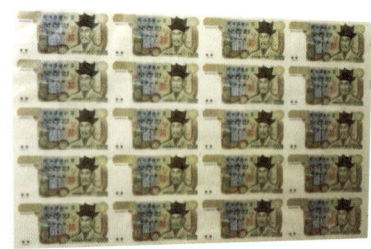
인쇄를 마친 지폐

 동전은 어떻게 만들어질까?

동전에 들어갈 도안을  에 새긴 다음,
석고판

동전 크기의 금속판에 옮겨서 찍을 수 있는 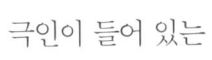 을 여러 개 만들어
극인

무늬가 새겨지지 않은 동전인  을
소전

극인이 들어 있는  에 넣고 동전에 모양을 찍어낸단다.
압인기

이 압인기는 우리나라에서 처음으로 쓰였던 서양식 압인기야.
물론 지금은 현대식 압인기를 사용하고 있지.

 **돈 이야기 일곱**

10원의 절규 "세상 속으로 보내 주세요!"

저는 10원이에요. 비록 10원짜리 동전이긴 하지만 저를 만들려면 40원이나 드는 이래 봬도 몸값이 제법 나간답니다. 제 몸값이 왜 비싼가 하면 저는 구리와 아연이 섞여진 몸인데 구리와 아연값이 자꾸만 오르거든요.

그런데 저는 갑갑하기 이를 데 없어요. 왜냐고요? 여러분은 거스름돈으로 받은 저를 지금 어디에 가두어 놓으셨나요? 지갑 속에 한주먹씩? 돼지저금통 속에? 아니면 서랍 동전 모으는 통에? 아니면 방바닥 어느 구석에?

제발 관심을 가지고 저를 찾아 세상 밖으로 꺼내 제 형제자매를 만나게 해 주세요. 한국은행은 저를 만든 20년 동안 저희 10원 가족을 58억 개를 만들어 세상 속으로 내보냈다고 해요. 이것도 모자라 매년 2억 개를 다시 만들고 있다는데 돌아다니는 저희 10원 가족들을 만날 수가 없어요.

제발 저를 세상 속으로 보내주세요!

 2007년에 작고 귀여운 제 동생이 태어났답니다!

 **돌고 돌아서 돈이라고요? 돈이 어떻게 돌아다니는 거죠?**

 돈에도 인생이 있다고 하면 놀라겠지? 그런데 맞는 말이거든! 돈도 태어나서 살다가 죽는단다. 무슨 말인가 하면 한국은행으로부터 발행된 돈은 은행과 같은 금융기관을 통해 예금인출이나 대출 등으로 사람들에게 전달되지. 세상 밖으로 돈이 나오는 거야. 이 돈들은 지갑 속에 있다가도 물건을 사고팔고, 버스를 탈 때, 병원에서 치료비를 낼 때 사용된단다. 또 공장에서 물건을 만들 재료나 건물을

지을 때 쓰이기도 하면서 여러 가지 모습으로 돌아다니다가 우리가 예금을 하거나 세금을 내면 다시 금융기관으로 돌아오게 되는 거지.

돌아온 돈들은 은행이 필요한 자금만 남겨 놓고 한국은행에 다시 입금시켜 금고에 보관된단다. 보관된 돈은 오염이나 손상된 정도에 따라 사용화폐와 손상화폐로 나누고, 손상화폐는 없애 버리는 거야. 그러니까 수명을 다했다는 것이지. 그러고 보면 10년을 사는 돈도 있고 1년을 사는 돈도 있겠네? 돈을 오래 살게 하려면 깨끗이 써야겠다. 그치?

그럼 폐기처분한 돈은 어떻게 되는지 볼까? 못쓰게 된 돈들은 아주 잘게 부수어 보온단열재나 이중바닥재의 원료로 재활용된단다.

화폐의 폐기 과정

 가짜 돈을 구별하는 방법이 궁금해요.

 세계 여러 나라는 돈을 위조하지 못하도록 화폐에 많은 장치를 해 놓았단다. 돈을 위조하는 것은 국가적인 범죄라서 큰 벌을 받게 되는데 위조지폐를 발견하면 은행이나 가까운 경찰서에 신고해야 해.

5,000원 권의 위조와 변조를 막기 위한 장치들을 알아볼까? 진짜 돈에는 생각지도 못했던 다양한 장치들이 숨어 있단다. 나머지 장치들은 전시장에서 더 찾아보자꾸나.

 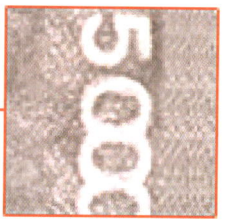

5,000원 권 위조방지 장치들

내가 가진 돈은 진짜 돈? 가짜 돈?

1,000원 지폐를 꺼내
위조지폐 탐색기에 가져가 감별을 받아보자.

돈과 나라경제로 가세요!

 돈을 더 많이 만들어 돈이 많아지면 나라가 부자가 되지 않을까요?

 좀 생각해 보자꾸나. 한국은행에서 지금보다 더 많은 돈을 만들어 내면 우리나라가 아주 잘사는 부자 나라가 될까? 돈이 많아지면 물건도 많아지게 될까? 돈이 많아지니까 필요한 물건을 서로 사겠다고 하면 물건값은 어떻게 될까? 물론 물건을 더 많이 만들어내면 되겠지만 공장을 지을 땅이라든가 원료는 갑자기 생기는 것이 아니니 물건값은 올라가 버리겠지? 돈이 물건처럼 흔해지면 물건과 마찬가지로 가치가 떨어지게 된단다.

세상 속에 돌아다니는 돈의 양을 통화량이라고 하는데 그 돈의 양이 많아지면 통화량이 늘어난다고 해. 통화량이 늘어나면 물건값은 어떻게 될까? 당연히 올라가지. 아빠 월급이 좀 올랐다고 해도 1,000원 하던 공책이 3,000원으로 오르면 월급이 오르나마나가 되어 버린 거야. 그러니 돈을 마구 만들어낼 수 없고, 적당하게 돌아다니도록 조절해야 하는 거란다.

 그럼 누가 돈이 적당하게 돌아다니도록 조절하나요?

그 조절은 한국은행에서 하고 있어. 한국은행은 화폐를 발행하고 나라 안에 유통되는 돈의 양을 적절히 조절하여 물가를 안정시키는 일을 한단다. 이 밖에도 은행과 정부를 고객으로 예금을 받고 대출을 하기도 하지. 나라에서 일어나는 금융거래의 중심에 있기 때문에 은행 중의 은행이라고 해서 중앙은행이라고 하는 거야.

물가라는 말은 가끔 뉴스에서 들은 적이 있긴 하지만 자세히 모르겠어요.

설날이나 추석 같은 명절 때가 되면 "이번 명절을 기해 물가가 많이 올랐다"고 하는 말이 종종 들리지? 물가는 상품 하나하나의 가격과 서비스(미장원에서 머리를 자르는 것과 같은 일)의 가격을 평균 낸 것이야. 물건값이 내리기도 하고 오르기도 하기 때문에 물가도 마찬가지로 오르기도 하고 내리기도 한단다.

물가가 오르면 같은 물건을 사는 데에도 돈은 더 많이 내야 해. 그러니까 당연히 돈의 가치는 떨어지게 되고, 반대로 물가가 내리면 적은 돈을 가지고도 더 많이 물건을 살 수 있기 때문에 돈의 가치는 오르게 되는 거야. 이렇게 물가와 돈의 가치는 서로 반대 방향으로 움직이고 있단다.

물가가 내리지는 않고 계속 오르기만 할 때 이것을 어려운 말로 인플레이션이라고 해. 특히, 한 달에 고정된 월급을 받고 생활하는 가정은 물가가 계속 올라가니까 똑같은 돈으로 생활하기 더 어렵겠지? 결국 월급이 줄어든 것이나 마찬가지가 되는 것이지. 나라 경제에도 좋지 않은 영향을 미치게 되는 것은 물론이고. 그래서 정부가 물가 조절을 잘 해야 하는 거야.

아빠, 이것 좀 보세요. 아이들이 돈으로 블록 쌓기를 하고 있어요.

이상하게 보이지? 제1차 세계대전 당시 독일에서 실제로 있었던 일이야. 전쟁으로 돈이 모자라자 돈을 마구 찍어내다 보니, 돈 가치가 떨어져 빵 하나를 사는 데에도 돈다발을 수레에 담아가야 할 정도였대.

돈으로 노는 아이들

그래서 휴지보다도 싼 것이 돈이었으니 돈이 장난감이 될 수밖에. 장난감 살 돈을 가지고 노는 것이 훨씬 싸니까 말이야.

이처럼 물가상승을 막지 못해서 비정상적인 상황을 초인플레이션이라고 해. 전쟁이나 경제정책 실패로 독일, 헝가리, 볼리비아, 브라질, 유고슬라비아 등 여러 나라에서 이런 초인플레이션을 겪었어.

와, 여기 세계 지도가 있어요. 그런데 '세계 여러 나라의 환율'이라고 적혀 있는데 '환율'은 또 뭐예요?

말이 어렵지? 환율을 아주 간단하게 설명해 줄게. 나라마다 사용하는 돈이 다르다는 것은 알고 있지? 우리가 외국으로 여행을 간다고 생각해 봐. 우리나라 돈을 그곳에 가서 쓸 수 없잖아? 그래서 그 나라에서 쓰는 돈으로 바꿀 때 우리나라 돈과 그 나라 돈을 서로 바꾸는 기준, 좀 어려운 말로 교환하는 비율을 환율이라고 하는 거야.

세계 여러 나라의 환율 지도

음, 그러니까 지금 1,000원을 가지고 미국 돈으로 바꾸면 얼마가 되는 비율을 환율이라고 한다는 거죠?

아주 단순하게는 그렇지. 우리나라 돈으로 미국 돈을 산다고 생각하면 되는 거야. 환율은 국내외 경제 사정과 환경에 따라 매일 바뀐단다. 예를 들어, 바나나를 수입할 때 현지에서 바나나 가격이 변함이 없더라도, 우리나라 환율에 따라 바나나 가격이 높아지거나 낮아질 수 있는 것이지. 이처럼 수출을 하거나 수입을 할 때 우리나라 돈의 가치에 따라 물건의 가격이 변화할 수 있기 때문에 환율은 국가 경제뿐만이 아니라 우리 생활에까지 많은 영향을 미친단다.

여행을 간다고 생각하고 지도에 있는 나라를 눌러 봐.
그럼 그 나라의 돈의 단위, 환율이 나온단다. 우리 돈 1,000원은 오늘 날짜 기준으로 그 나라 돈 얼마로 바꿀 수 있는지 알아볼까?

2층 전시실로 가세요!

와~ 돈이다. 모형금고실에는 돈을 운반하는 기계와 장비들이 있어요. 1억 원도 묶어놓으니까 크기가 작아 보여요.

모형금고

그럼 한번 들어 보렴! 얼마나 무거워? 발행된 돈들은 이렇게 운반차에 실려서 시중 은행으로 옮겨지고 유통되게 된단다.

세계의 화폐실에는 다른 나라 돈들이 잔뜩 있어요.

정말 세계 각국의 화폐들이 잘 정리되어 있네. 각 국가는 화폐도안으로 자신들의 자랑거리인 문화유산이나, 유명한 인물, 또 그 나라를 대표하는 동식물을 채택하고 있단다. 가만히 보고 있으면 조그만 크기의 화폐로도 세계일주를 할 수 있을 것 같지 않니?

세계의 화폐실

체험학습실

 화폐에는 왜 인물들이 많이 들어가 있어요?

 화폐의 위조나 변조를 막는 데에 인물 도안이 가장 효과적이기 때문이야. 인물 그림은 조금만 달라져도 쉽게 알아볼 수 있거든. 나라마다 그 나라를 대표하는 인물들을 화폐에서 만나볼까?

인도의 민족운동 지도자, 간디

영국의 생물학자, 다윈

이탈리아의 화가, 라파엘로

벨기에의 화가, 르네 마그리트

오스트리아의 작곡가, 모차르트

몽골제국의 창시자, 칭기즈칸

프랑스의 물리학자, 퀴리 부부

독일의 동화작가, 그림 형제

도전!

나무로 된 화폐를 찾아라!

 여기는 재미있는 체험학습실이에요.

 오늘 보려고 한 것은 다 둘러보았네. 국가나 개인이나 돈을 떠나서 현대사회를 살아갈 수 없는 건 사실이야. 돈과 떨어져 생활하는 것은 상상하기 힘들지? 하지만 반드시 돈이 있다고 해결되는 건 아니야. 무인도에 홀로 남게 된 어떤 사람이 있는데 돈 상자 하나만 바다에서 건졌다면? 운이 있는 걸까? 없는 걸까?

이제 돈이 왜 생겨났는지, 어떻게 만들어지는지, 그리고 돈을 관리하는 것이 얼마나 중요한지 잘 알았지? 우리 화폐금융박물관에서 재미있는 탐험대 놀이를 해보면 어떨까? 탐험대원이 되어 박물관 탐험을 시작하는 거야.

"탐험대 임무는 우리 가족이 만든 현장활동지에 소개해 놓았어요"

신세계 한국상업사 박물관

- 자급자족에서 인터넷쇼핑까지

신세계한국상업사박물관은 우리나라 상거래의 역사와 유통에 관해서 알 수 있는 전문박물관이야. 신세계백화점에서 1995년 5월에 세웠단다. 시장이 언제 생겨났는지, 각 시대별로 상업활동들이 어떻게 발전했는지 볼 수 있어. 상거래에서 필요했던 화폐, 돈궤, 도량형, 운반수단, 장부, 교통수단 등의 용품을 주제별로 전시하고 있단다.

우리는 이곳에서 시장이 언제부터 생겨나서 어떻게 변화했는지, 또 시대별로 그 모습은 어떠했는지 살펴볼 거야. 옛날 시장 구경도 하고 상거래에 쓰였던 간판, 광고 문안, 보부상, 도량형, 운반수단, 백화점에 대해서도 알아보자꾸나.

전시장

- 한국상업사실
- 유통산업사실

우리 이렇게 봐요

한국상업사실 : 시장의 기원 → 삼국시대의 상업활동 → 고려시대의 상업활동
→ 조선시대의 상업활동 → 개항기와 일제강점기의 상업활동 → 운반수단과 도량형

유통산업사실 : 신세계연표 → 인기 선물 → 신문광고

관람정보

경기도 용인시에 있었던 신세계한국상업사박물관은 현재 서울 중구 남대문로에 있는 신세계백화점 본점 부근으로 이전, 재개관을 준비 중입니다. 신세계상업사박물관이 우리나라 상업활동의 역사를 살펴보기에 더없이 중요한 박물관이라는 판단 하에, 이 책에서는 경기도 용인 시에 있었던 박물관의 전시를 대상으로 하여 이야기를 풀어 나갑니다.

한국상업사실로 가세요!

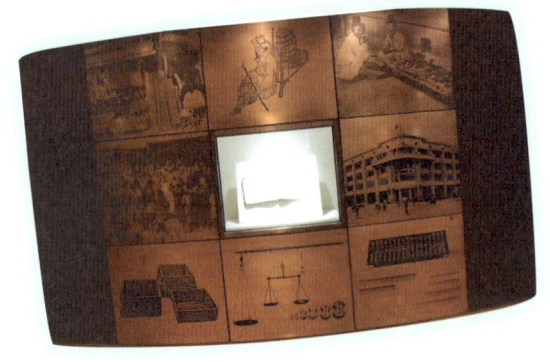

시장의 기원

시장은 언제부터 있었나요?

아주 먼 옛날, 석기시대의 사람들은 필요한 물건을 직접 생산(자급자족)하거나 서로 바꿔서 쓰는 물물교환을 했단다. 그러다가 농사짓는 법을 알게 되고 가축을 기르게 되면서 점점 수확물이 많이 생겨난 거야. 생산력이 늘어나면서 남는 물건(잉여생산물)이 많아지게 된 것이지. 그러다 보니, 서로 남는 물건을 내어 놓고 필요한 물건을 찾을 수 있는 장소가 필요했는데, 그런 필요에 의해 생겨난 것이 시장이야. 다른 말로 장시, 시, 장문이라고 했단다.

나도 남는 게 있으면 팔 수도 있겠구나.

우리 가족 중에 누가 장난감이 필요하지?

난 장난감이 많이 있는데. 우리 가족시장 열자!

상거래와 시장에 관한 옛 기록을 찾아 봤어요.

- 고조선의 8조 금법(禁금할금 法법법)에는 상품교환의 흔적이!

8조 금법은 고조선 사회의 법률로 3개의 조항만 전해져 오는데, 이 조항들을 잘 보면 개인의 재산이 인정된 사유재산제와 상품교환의 흔적을 발견할 수 있단다.

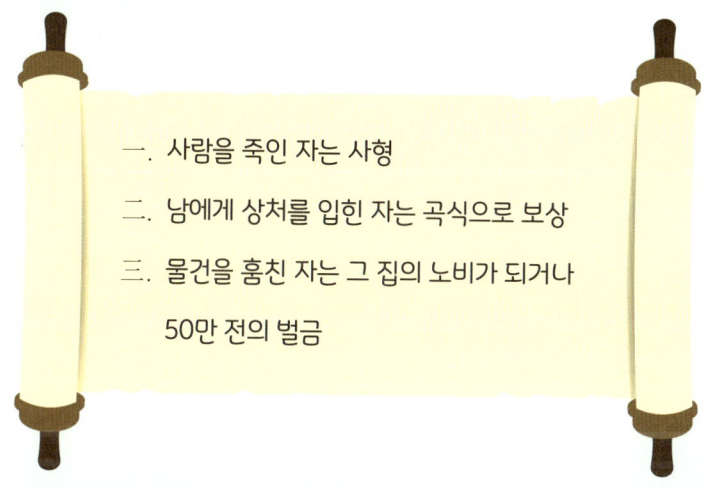

一. 사람을 죽인 자는 사형
二. 남에게 상처를 입힌 자는 곡식으로 보상
三. 물건을 훔친 자는 그 집의 노비가 되거나 50만 전의 벌금

'남의 물건'을 훔친 사람에 대한 벌칙이 있는 것으로 보아 사유재산제가 발달하고 있었음을 알 수 있는 거야. 또 죄를 지은 사람이 '곡식'으로 보상하거나 '일정한 금액의 돈'으로 벌금을 냈다고 하는 것은 상품교환이 이루어지고 있다는 간접적인 증거로 볼 수 있단다.

- 중국의 『삼국지위지동이전』(중국 진나라의 학자 진수가 위, 촉, 오 세 나라의 역사를 기록한 역사책)에 나오는 시장

우리나라 시장에 관한 것으로 진한조(辰韓條)에 - 나라에 철이 나오고, '한', '예', '왜'가 모두 이를 가져다 썼다. 저자(시장)에서 철을 사용함이 중국의 돈 사용과 같아, 두군(낙랑과 대방)에서도 넉넉히 사용하였다. -고 기록되어 있어. 그때에도 시장이 있었다는 것을 알 수 있겠지?

이 지도는 무엇을 표시하고 있는 거예요?

고조선이 망하고 삼국이 세워지기 전의 국가인 삼한(진한, 변한, 마한)에 있던 네 가지 시장을 보여주는 지도야. 어떤 것인지 알아볼까? 나라 사이에 있는 숲이나 강가에서 물자를 교류했던 경계시, 마을과 마을을 연결하는 길목이나 집들이 밀집한 거리에서 열리는 가로시, 성안의 광장이나 성문 주위에 서는 성읍시, 제사를 지내는 제단 부근에서 열리는 제전시가 있었다고 해. 지도 위의 사진에서 그 시장들을 볼 수 있단다. 자, 그럼 삼국시대의 시장은 어땠을까?

시장의 기원

삼국시대의 상업활동

이 모형은 '경주의 시전'이라고 써 있어요.

『계림유사』의 기록에 따라 복원한 경주 시장의 모습이란다. 시장에 출입하는 사람이 다 여자들이지? 머리에 수건을 두르고 나무 상자를 머리에 이거나 등에 메고 있구나. 당시에는 거래수단으로 쌀을 이용했으니, 아마도 쌀을 재기 위해서인가? 저마다 조그만 됫박을 들고 시장에 나왔네.

경주시전의 모형

활동

경주 시전 모형을 자세히 봐. 시장에 출입하는 사람은 누구?
이곳은 무얼 하는 곳일까? 사람들이 꼭 챙겨 들고 있는 것은 무엇일까?

38

'정읍사'라는 백제의 노래에서도 시장에 관한 이야기가 나온단다. 정읍에 사는 행상의 아내가 남편이 빨리 돌아오기를 소원하면서 부른 노래인데, 들어 볼래? 오늘날의 말로 바꾸어서 불러 볼게.

달아 달아 높이 돋으시어
멀리 멀리 비추어 주소서
어듸야 어강됴리
아으 다롱디리

전주시장에 가서 계신 건가요?
진흙탕을 밟으실까 걱정됩니다.
어긔야 어강됴리

어느 곳에 쉬고 계십시오.
가시는 길 어두워질까 걱정됩니다.
어긔야 어강됴리
아으 다롱디리

삼국시대에 이르면 각국이 모든 수도에 시장을 열었었는데 이를 경시(京서울경 市시장시)라고 불렀어. 지방에서 열리는 시장은 향시(鄕시골향 市시장시)라고 했지. 고구려에서는 경시와 160개의 향시에서 물건이 거래되었고 백제에는 140~200개에 이르는 향시가 있었다고 하는구나. 신라는 소지왕 12년(490년) 때 경주에 시장을 만들었다는 것으로 보아 당시에 활발하게 물자가 교류되었다는 걸 알 수 있어.

돛단배가 있어요. 이 배로 바다를 항해했나요?

배 모형을 자세히 보렴. 돛이 두 개지? 돛이 두 개 달린 배는 바다를 항해하는 배이고, 돛이 하나인 배는 강에서 다니는 배란다. 바다를 항해한 견당무역선에서 볼 수 있는 것처럼 해외무역은 통일신라 이후 더욱 활발해져서 신라의 상권을 국제적으로 넓어지게 했단다.

삼국은 주로 중국, 일본 등과 무역을 했어. 금은세공품이나 마직물, 주옥, 삼, 모피 등을 수출했고 비단, 장식품, 무기류를 수입했단다.
신라 때 바다의 왕으로 활동한 장보고 알지? 장보고는 이 견당무역선을 타고 다니면서 어떤 나라와 어떻게 무역을 했을까?

견당무역선

고려시대의 상업활동

고려시대에도 시장이 있었나요?

물론이지. 고려시대에는 수도인 개경에 아주 큰 규모의 상설시장인 시전을 설치하고 경시서라는 관청을 두어 감독하게 했단다. 지방에도 여행자와 행상에게 숙식과 편의를 제공하는 공설주점이 들어섰는데, 이것이 주막집의 시초였다고 해.

삼국시대처럼 고려 때에도 중국이나 일본과 무역을 했나요?

물론이지. 고려시대에 이르면 무역이 더욱 활발해진단다. 중국이나 일본뿐만 아니라, 거란족이 세운 요나라, 여진족이 세운 금나라, 그리고 동남아시아와 아라비아 등 여러 나라와 무역을 했지. 비단·모시·문방구·인삼·금·은 등을 수출했고, 금은세공품·비단·서적·염료·수은·향료 등을 수입했어.

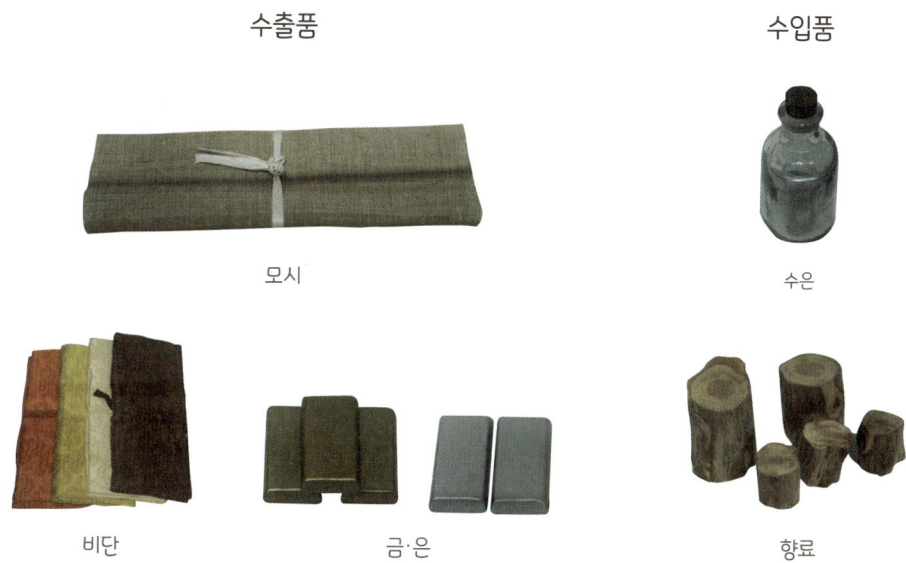

수출품	수입품
모시	수은
비단 금·은	향료

> 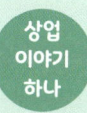 **상업 이야기 하나**
>
> ## 고려시대의 노래에서 찾은 무역의 흔적
>
> 고려시대의 노래가사 중에 '쌍화점'이 등장하는데, 쌍화점은 중국의 음식인 만두를 의미해. 고려의 노래가사에 중국 음식임을 가르키는 낱말이 나오는 것으로 보아 중국과의 교류가 상당했음을 알 수 있단다.

고려시대의 주요한 무역항으로서 역할을 했던 곳이 벽란도라는 항구였어. 고려의 수도인 개경과 가깝고 예성강 하류에 있는 항구로 물이 깊어 배가 자유롭게 드나들 수 있었단다. 이곳은 원래 '예성항'이라고 불렸는데 중국 사신들을 맞이하던 곳인 '벽란정'의 이름을 따서 벽란도라고 하게 된 거야. 정박해 있던 배가 얼마나 많았던지 돛이 숲을 이루고 있을 정도였다고 해. 그 당시의 무역 규모를 짐작할 수 있겠지? 또한 우리나라가 코리아라고 불리게 된 이유도 고려 때 벽란도를 드나들던 아라비아 상인에 의해서란다. '코려 – 코리여 – 코리아' 이렇게 변한 것이지.

매직비전으로 보는 벽란도

조선시대의 상업활동

 예전에도 나라와 나라 사이에도 물건들이 오고 갔군요. 교통이 불편했을 텐데 요즘처럼 무역을 했다는 것이 신기해요.

 그렇지? 이제 조선시대로 가 볼까? 조선은 '농업을 국가의 근본'이라고 해서 상업과 수공업을 중요하게 생각하지 않았거든. 그래서 일반 사람들의 자유로운 상거래도 허락하지 않았어. 고려시대의 활발했던 상업활동이 계속 이어질 수 없었던 것이지.

 『허생전』 이야기가 왜 이곳에 있어요?

 『허생전』은 조선후기에 박지원(1754~1821)이 지은 소설인데, 『열하일기』라는 책 속에 들어 있어. 허생전 이야기를 들려 줄까? 이 이야기 속에는 허생이라는 선비가 장사를 해. 요즘은 누가 장사를 하든 아무런 문제가 아니지만 조선시대에, 글 읽는 선비가 장사를 한다는 것은 상상할 수도 없는 일이었지. 덕분에 우리는 이 이야기 속에서 당시 상품의 유통과 교환의 가치를 잘 알아볼 수 있단다.

 상업 이야기 둘

허생전

남산 기슭에 허생이라는 가난한 선비가 살았어. 허생은 독서로 세월을 보내는 선비였단다. 남편이 책만 읽으니 아내는 가난을 참기 어려웠지. 참다 못한 아내는 허생에게 책만 읽어서 무엇을 할 것이냐며 장사를 하든지, 그것도 아니면 도둑질이라도 못하느냐고 남편을 몰아붙였어.

허생은 그 길로 장안의 부자 변씨를 찾아가 돈 1만 냥을 빌리는데, 변씨는 허생에게 선뜻 거금을 빌려주지 않았겠니?

그 돈을 밑천으로 허생은 안성으로 내려가 과일을, 제주도로 가서 말총을 한꺼번에 사서 값을 올린 다음 파는 방법으로 많은 돈을 벌게 돼.

돈을 많이 번 허생은 변산 근처의 도적떼들을 이끌고 섬으로 가서 평화스럽고 부유한 세상을 만들어 주고, 전국을 다니며 가난한 사람을 구제한 다음 서울로 돌아온단다. 허생은 변씨에게 자신의 남은 돈 10만 냥을 모두 넘겨주고 살아가는 데 필요한 양식과 옷감을 받아 예전처럼 독서에 몰두해.

이순신 장군이 활약했던 임진왜란 기억하지? 임진왜란이 끝나고 조선 사회는 많은 변화가 있었단다. 전쟁이 끝났으니 인구가 늘어나게 되고, 인구가 늘어나니 먹거리와 물건들이 많이 필요하게 되어 자연히 물건을 만드는 사람, 시장 이런 것들이 늘어나게 되었어.

이렇게 나라 전체의 경제가 활발해지자, 숙종 4년(1678)에 전국적으로 쓰일 수 있는 화폐인 상평통보를 발행했단다. 또, 17세기 초부터 세금을 쌀로 통일해서 내는 대동법이라는 것이 실시되었어. 그런데 전국에서 쌀이 올라온다고 생각해 보렴. 그 양이 어마어마했겠지? 그래서 나라에서도 필요한 물건을 대동법을 통해 거둔 쌀로 샀는데 공인이라는 사람을 두어 그 일을 대신하게 했단다. 이 공인들이 나중에 세력이 커져서 경제활동에 큰 몫을 하게 돼.

엄마, 이 그림은 뭐예요?

어디 보자, 스님이 보이는구나. 또 시장이 아주 재미있게 묘사되어 있네. 악기 연주라든지 줄타기, 음식을 파는 주막까지 자세하게 그려져 있지? 역시 시장이란 예나 지금이나 볼거리랑 먹을거리가 많았나봐.

시장 모습이 그려진 불화

야, 옛날 시장 같아요!

정말 옛날 시장에 온 것 같지? 왜 이렇게 시장에 사람들이 모여드는 걸까? 시장에 가면 우선 물건을 사거나 팔 수 있고, 맛있는 음식도 있었어. 또 이웃 사람이나 오랫동안 만나지 못한 친구들을 만나 세상 돌아가는 이야기를 들을 수 있고, 남사당패가 하는 줄타기 놀이도 재미있게 볼 수 있어 좋았을 거야. 시장의 모습을 찬찬히 살펴볼까?

풍속화 따라가는 조선시대 시장

장터길 (김홍도)

말을 타고 멀리 장을 보러 가는 사람들이 꽤나 많군. 제사에 쓸 생선이나 아이에게 줄 짚신을 사기도 하겠지.

행상 (김홍도)

물건을 팔러 나온 보부상 부부가 보이네. 등에 업은 아이는 잠들었구만.

씨름 (김홍도)

벌써 씨름판이 벌어졌네 그려.

무동 (김홍도)

춤추는 아이가 제법이구먼!

시주 (김홍도)

승려가 목탁을 두들기며 지나가던 여인에게 시주를 청하고 있구먼.

주막 (김홍도)

출출한데 국밥이나 한 그릇 먹고 장을 보려는 게야.

귀시도 (김득신)

이것 저것 물건을 많이도 사서 돌아가는구먼. 서둘러 집으로 가는 모습이 아이들 주려고 맛있는 엿이라도 샀나보네.

옛날 시장

찾아 보세요

1. 줄타기하는 사람　2. 닭싸움　3. 무쇠솥 가게　4. 상파는 가게　5. 갓파는 가게　6. 짚신 가게
7. 유기, 그릇 가게　8. 채소 가게　9. 한약방　10. 소 파는 우시장

구경하기

11. 대장간 12. 국수집 13. 나루터 14. 옹기 가게 15. 쌀 파는 싸전
16. 나무장수 17. 주막 18. 구경나온 기생 19. 스님 20. 보부상

 이런 시장은 어디에서나 볼 수 있었나요?

 그럼. 지방에서 열렸던 시장에 대해서 알아볼까? 성종 임금 때(1470년) 전라도에 심한 흉년이 들어서 농민들이 이를 극복하기 위해 장문을 연 것이 지방 시장의 시작이었다고 해. 이렇게 시작된 장문은 전국으로 퍼져나갔어.

처음엔 10~15일 간격으로 넓은 빈터나 사람이 많이 다니던 길가에서 물건을 사고팔다가 점점 간격을 좁혀 5일마다 열리는 5일장, 3일마다 열리는 3일장이 되었지. 5일장이나 3일장은 지금도 작은 도시나 농어촌에서 열리고 있기도 해. 5일장을 찾아다니며 물건을 파는 보부상은 18세기 중엽에 등장했어. 이 때 전국에 있던 시장의 수는 자그마치 1,052개나 되었단다.

박다위라고 보이지? 이 끈은 지금의 멜빵끈과 비슷한 역할을 하던 것이야. 보부상들이 짐을 묶고 다닐 때 사용했지. 끝에 끈을 조이는 고리도 달려 있단다. 무거운 짐을 묶으려면 튼튼해야 했겠지? 그래서 잘 끊어지지 않는 삼(옷감 중에 삼베를 만드는 재료)을 주로 썼고 종이나 머리카락, 짚으로도 박다위를 만들어 썼단다. 머리카락으로 박다위를 만들어 썼다니, 놀랍지?

종이로 만든 박다위

머리카락으로 만든 박다위

멜빵 조이개

짚으로 만든 박다위

박다위와 조이개

 지방 시장에 다니던 보부상들인가 봐요. 여자랑 남자랑 다르네요!!

 그래, 앞에서 설명을 잘 들었구나. 지방 장시를 다녔던 보부상을 자세히 볼까? 보부상은 보상과 부상으로 나눌 수 있어.

보상은 부피가 작으면서 비싼 물건을 주로 팔았는데, 금, 옷감, 장신구, 꽃신, 부채 등을 보자기에 싸서 머리에 이고 다녔단다. 보자기로 싸고 다녀서 보상이라고 했다 하면 이해가 쉽지? 또 머리에 뭔가를 이고 다니던 것은 여자들만이 하던 물건 운반법이야.

부상은 등에 지게를 지고 다녀서 등짐장수라고도 했어. 여자보다 힘이 센 남자들이 부피가 크면서 값이 비교적 싼 물건인 나무그릇, 소금, 항아리, 건어물, 죽제품, 짚신 등을 지게에 매고 다니면서 판 것이지.

활동

등짐, 봇짐에 알맞은 물건들을 넣어 볼까?

보상 / 부상

비녀, 가름마꽃이, 채, 상투빗, 목제기, 참빗, 경대, 키, 나주반, 옷감, 버선, 호족반, 꽃신, 인두, 다리미, 가위, 꿀항아리, 다식판, 소금항아리, 부채, 목사발, 짚신, 도포끈

작고 값비싼 물건을 보자기에 싸서 이고 다니며 팔던 **보상**

부피가 크면서 비교적 값싼 물건을 지게에 지고 다니던 **부상**

개항기와 일제강점기의 상업활동

조선시대 후기에 외국 사람들에게 우리나라 항구를 열어주었다고 하던데 그건 무슨 말이에요?

조선은 1876년 일본과 강화도조약을 체결한 이후에 서양에도 문을 열기 시작했어. 미국, 영국, 독일, 러시아, 프랑스 등과 통상조약을 맺으면서 인천항, 원산항 등 주요 항구가 차례로 외국 상인들에게 개방이 된 것이지.
하지만 이들 조약 대부분은 조선에게 불평등한 조약이었어. 게다가 이들은 공장에서 생산된 제품을 대량으로 싼 값에 들여오니 조선의 상인들은 새로운 사태를 맞이하게 된 거야. 이 때, 민족 상인들은 외국 상인에 대항하기 위해 회사를 세우고 보부상들의 전국적 조직인 '상무사'를 결성했지.

개항기의 수입품들은 어떤 것이 있었는지 볼까?

개항기의 수입품들

보부상들이 지켜야 할 규칙을 찾아보자!
모임에서 빈정대며 웃거나 잡담을 하면 어떻게 될까?
또, 질병에 걸린 친구를 돌보지 않으면 어떻게 될까?

보부상 이야기

상업 이야기 둘

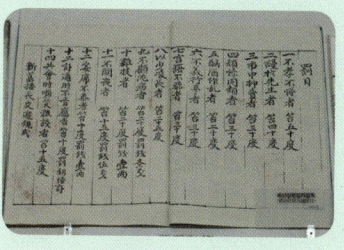

상인계율

전국적으로 조직을 만든 보부상은 엄격한 규율을 가지고 있었단다. 상인들이 지켜야 할 규칙이었지. 내용을 보면 아주 재미있어.

- 부모에게 불효하고 형제간에 우애를 지키지 않은 사람 : 볼기 50대
- 조직의 우두머리를 속이는 사람 : 볼기 40대
- 시장에서 물건을 억지로 판매하는 사람 : 볼기 30대
- 동료에게 나쁜 짓을 한 사람 : 볼기 30대
- 언어가 공손하지 못한 사람 : 볼기 30대
- 불의를 저지른 사람 : 볼기 30대
- 술주정하면서 난동을 부린 사람 : 볼기 30대
- 질병에 걸린 동료를 돌보지 않은 사람 : 볼기 25대와 벌금 3전
- 문상하지 않은 사람 : 볼기 15대와 벌금 5전
- 계모임에 참석하지 않은 사람 : 볼기 10대와 벌금 한 냥
- 모임에서 빈정대며 웃거나 잡담하는 사람 : 볼기 15대

결국 일본의 지배를 받게 되지요? 일제강점기에도 상점이 있었나요?

그래. 일제강점기 때의 경제는 일본의 손아귀에 들어갈 수밖에 없게 돼. 토지, 광산, 철도, 금융 등 산업 전체를 일본이 장악했던 것이지. 우리나라 자본으로 기업과 상점이 만들어지기도 했지만 끝까지 지켜내기가 너무 힘이 들었단다.

여기 아주 재미있는 상호가 있구나! 옷감을 파는 가게의 간판인가 봐. 어디 읽어 볼까? 감옷리우흔조……. 좀 이상하지? 오른쪽부터 다시 읽어 볼까? 데일 싸고 …….

감 옷리우 흔조…… 어?

가게 간판

운반수단과 도량형

와, 장난감 배 같아요. 너무 귀엽게 생겼어요.

그래? 예전에 물건을 나르던 것들을 작게 모형으로 만들어 놓은 것이야. 물건을 나르는 것을 운반이라고 하는데, 한국상업사박물관에서 꼭 봐야 할 부분이 운반수단에 관한 것이라고 생각해. 만약 상품을 생산해서 소비자에게 전달할 수 없다면 어떻게 될까? 물건을 팔 수가 없을 거야. 그래서 운반수단의 발전은 곧 상업활동의 발전을 가져왔단다.

땅에서의 운반수단으로는 지게와 소나 말을 이용해서 끌었던 달구지와 수레 등이 있구나. 물 위의 운반수단으로는 갈대나 나무를 엮어 만든 뗏목과 노를 젓고 돛을 달아 바람의 힘으로 움직이는 황포돛단배 등이 있네. 요즘은 큰 물건을 사면 오토바이나 자동차로 집까지 배달해 주는 것이 보통이지만, 교통이 발달되지 않은 예전에는 물건을 나르는 운반이 아주 힘든 부분이었단다.

옛날에 썼던 운반수단 모형들

 운반수단 말고도 장사를 하려면 여러 가지가 필요하겠죠?

 물건의 값을 정해 주는 화폐, 거래내용의 기록과 이를 돕기 위한 장부와 셈 기구, 상품의 길이, 부피, 무게를 측정할 수 있는 도량형 도구들이 필요하단다.

도량형이라고 하는 것은 길이, 부피, 무게를 재고 다는 것으로 그 기구들도 함께 일컫는 말이야. 도(度자도)는 길이도 되고, 길이를 재는 자도 되는 것이지. 양(量양량)은 부피도 되고 부피를 재는 됫박도 되는 거야. 그렇다면 형(衡저울형)은 무엇을 말하는 것일까? 그렇지. 무게와 저울을 함께 가리키는 것이야.

도·량·형

석탑에 새겨진 그림을 본뜬 탁본을 잘 봐. 보협인석탑의 탁본인데 여기에도 저울이 등장하고 있단다. 석가의 전생에서 비둘기를 살리기 위해 그 무게만큼의 다리 살을 떼어 천칭(저울)에 재는 장면이야.

보협인석탑 탁본

유통산업사실로 가세요!

 이곳은 어디인가요?

 신세계백화점을 비롯해 우리나라 유통의 역사를 안내하는 전시관이야. 우리나라 최초의 백화점은 1906년에 일본의 미쓰코시백화점의 경성출장소인 미쓰코시 오복점이었어. 우리나라 사람이 경영하는 백화점으로는 화신백화점이 있었단다.

미쓰코시백화점

부르는 게 값이었던 시장과는 달리, 백화점에서는 상품에 가격표를 표시하고 상품을 팔았단다. 또 사지 않고 구경만 해도 친절하게 대해주고 반품이나 배달까지도 해주니 인기 있는 곳이 되었겠지? 이 시절에는 미쓰코시백화점에 있는 옥상공원에 올라가 커피를 마시는 것이 멋쟁이들에겐 유행이었다고 해.

1960년대와 70년대의 백화점 매장 모습을 볼까? 요즘 백화점과 뭐가 어떻게 다른지 비교해 보렴.

1960년대의 백화점 매장

이 시절엔 쇼핑을 할 때 물건을 만져 보기가 힘들었어. 유리진열장에 물건들이 들어 있었거든.

1970년대의 백화점 매장

물건이 훤하게 보여서 구경하기가 좋아졌단다. 이때부터는 매장 안으로 들어가서 물건을 자유롭게 고를 수가 있었어.

오늘날의 백화점 매장과는 어떻게 다를까? 그리고 대형 할인마트와는 또 뭐가 다를까?

이 안에 진열된 물건들이 다 뭐예요? 과자도 있고 설탕도 있어요.

시대에 따라 유행했던 선물들이야. 어떤 것들이 있는지 어디 보자. 엄마가 어렸을 때에는 어른들끼리 주고받는 선물로 설탕도 아주 인기가 있었어. 아이들은 과자선물상자 하나면 세상을 다 얻은 것 같았단다. 인기 선물을 살펴보면 시대에 따라 사람들이 사는 모습이 참 다르다는 것을 알 수 있지.

엄마, 엄마는 어릴 때 어떤 선물을 제일 받고 싶었어요?

1960년대 인기 선물

엄마가 어렸을 땐 과자종합 선물세트가 제일 받고 싶은 것이었단다.

1970년대 인기 선물

난, 게임기!

1980년대 인기 선물

58

 옛날 신문인가 봐요.

 신세계백화점이 신문에 낸 판매광고야. 오래 전의 것이라 오늘날 광고처럼 세련되지는 않지? 요즈음 신문에서 볼 수 있는 백화점 광고도 10년, 20년이 지나서 보면 이런 느낌일까?

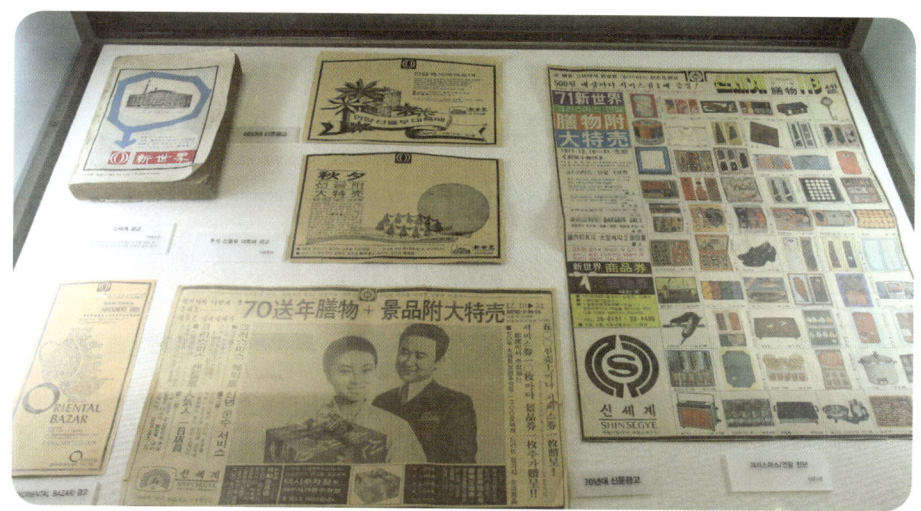

1970년대 백화점의 신문 광고

 물물교환을 하다가, 시장이 생기고 또 백화점에 이르기까지 물건을 사고파는 상업의 역사를 잘 보았니? 요즘은 필요한 물건을 사러 어디로 가지? 시장이나 대형할인마트에 가잖아. 뿐만 아니라, 컴퓨터나 핸드폰을 이용해 온라인쇼핑을 하고 집으로 물건을 배달받기도 하고 말이야. 아나와 바다가 어른이 되었을 때는 어떤 식으로 물건을 사고팔게 될까? 엄마 아빠가 어렸을 적엔 집에서 컴퓨터로 인터넷 쇼핑을 한다는 것은 상상도 못한 일이었거든.

서울 역사 박물관

– 한양의 대형시장, 운종가마트

서울역사박물관은 서울이라는 도시의 역사를 살펴볼 수 있는 도시역사박물관이야. 서울이라는 장소와 역사, 그리고 서울에 얽힌 수많은 이야기를 만날 수 있는 곳이지. 실제로 2002년 개관 때는 유물의 70%가 시민들이 기증한 유물이었다는구나. 조선의 왕도 한양으로 시작하여 개항기 때의 서울, 일제강점기의 서울, 그리고 고도성장을 이룬 오늘날의 서울에 이르기까지 600년 수도 서울의 역사와 문화를 볼 수 있는 박물관이란다.

오늘날처럼 조선시대에도 수도 한양은 정치, 경제, 사회, 문화 등 모든 것의 중심지였어. 그래서 조선의 수도 한양에서 이루어졌던 경제생활을 알아볼 수 있는 곳으로는 서울역사박물관이 최고라고 할 수 있지.

그러자면 한양이 경제의 중심지로 어떻게 만들어졌는지, 그리고 실제로 거래는 어떻게 이루어졌는지, 시장에서는 무엇을 사고팔았는지, 한양사람들의 생활 모습은 어땠는지 등을 알아보아야겠지?

전시장

- 조선시대의 서울 (1392-1863)
- 개항, 대한제국기의 서울 (1863-1910)
- 일제강점기의 서울 (1910-1945)
- 고도성장기의 서울 (1945-2002)

우린 이렇게 봐요

조선시대의 서울 : 수도 한양의 건설 → 국가의 중추, 육조거리 → 조선 제일의 번화가, 운종가 → 도성 밖 한양, 성저십리

관람정보

관람시간	평일 9:00~20:00, 주말·공휴일 9:00~19:00 (11월~2월 : 주말·공휴일 9시~18시)
휴 관 일	공휴일을 제외한 매주 월요일, 1월 1일
관 람 료	무료
문 의	02.724.0274
주 소	서울 종로구 새문안로 55(신문로 2가)
홈페이지	http://www.museum.seoul.kr
교 통	지하철 5호선 광화문역 7번 출구

조선시대의 서울, 수도 한양의 건설로 가세요!

 한양이 지금의 서울이죠? 그럼 조선시대부터 지금까지 계속 수도였네요. 한양이 수도가 된 데에는 특별한 이유가 있었나요?

 한양이 수도로 정해지게 된 데에는 우선 지리적인 환경이 좋았기 때문이야. 첫째는 한반도의 가운데 자리 잡고 있어서 여러 지역을 골고루 돌볼 수가 있고, 둘째는 한강과 바다가 가까이 있어 수로와 육로를 편리하게 사용할 수 있는 곳이잖아. 팔도의 배가 한강을 통해 물자를 나를 수 있었으니까 말이야. 셋째는 사방이 산으로 둘러싸여 있기 때문에 다른 나라의 침입을 막기가 쉬웠단다. 지도를 보면서 한양의 위치를 살펴볼까?

조선팔도고금총람도
(1673년, 김수홍 간행)

 조선팔도고금총람도라는 지도야. 한반도가 약간 찌그러져 있지? 축척에 관계없이 도성을 한반도 한가운데에 그려 넣다보니 그렇게 된 것 같아. 아마 한양이 전국의 중심임을 강조하려고 그랬나봐. 한양을 잘 보렴. 경복궁도 있고, 의정부와 육조, 종묘 등의 건물들이 그려져 있단다.

지도 이야기 하나 — 한양도

도성 안의 한양을 그린 지도야. 한양을 둘러싸고 있는 내사산과 사대문, 경복궁, 창덕궁, 창경궁, 종묘, 사직, 도로, 청계천, 다리 이름, 동 이름 등이 아주 자세하게 적혀 있어. 제작 연대는 대략 1744년과 1760년 사이로 추정된단다.

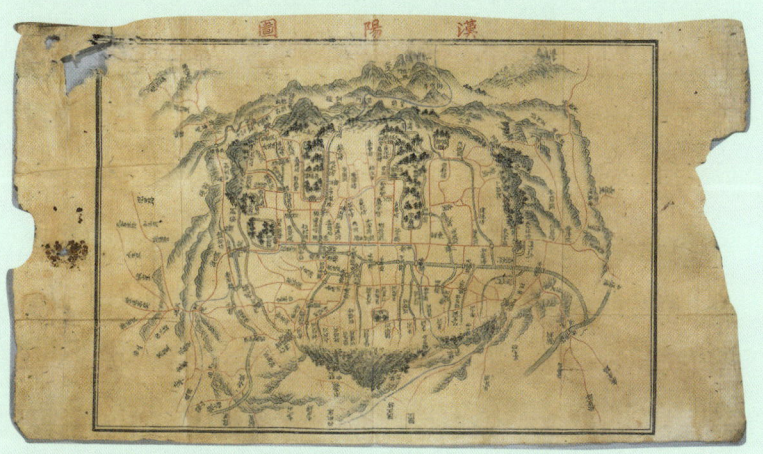

이제 한양을 자세히 그린 수선전도를 찬찬히 뜯어 볼까? 한양이 겹겹이 산줄기로 둘러싸여 있는 것이 보이지? 한양을 감싸 주는 네 개의 산을 내사산(內四山)이라고 하는데 북쪽의 백악산(북악산), 동쪽의 타락산(낙산), 서쪽의 인왕산, 남쪽의 목멱산(남산)을 가리키는 거야. 내사산의 능선을 따라 빙 둘러 성곽을 쌓은 것이 도성이고 이 도성 안이 바로 한양이란다.

그리고 한양을 둘러싸고 있는 큰 물줄기가 바로 한강이야. 전국 각지와 뱃길이 닿는 한강은 지방의 물건들이 한양으로 쉽게 올라올 수 있는 길이 되었지. 산으로 둘러싸인 도성 안에서 동서로 쭉 뻗은 도로와 활처럼 굽은 도로를 중심으로 가늘게 표시된 선들이 다 길이야. 이런 도로의 발달은 시장이 생기고 커나갈 수 있었던 바탕이 된 것이지.

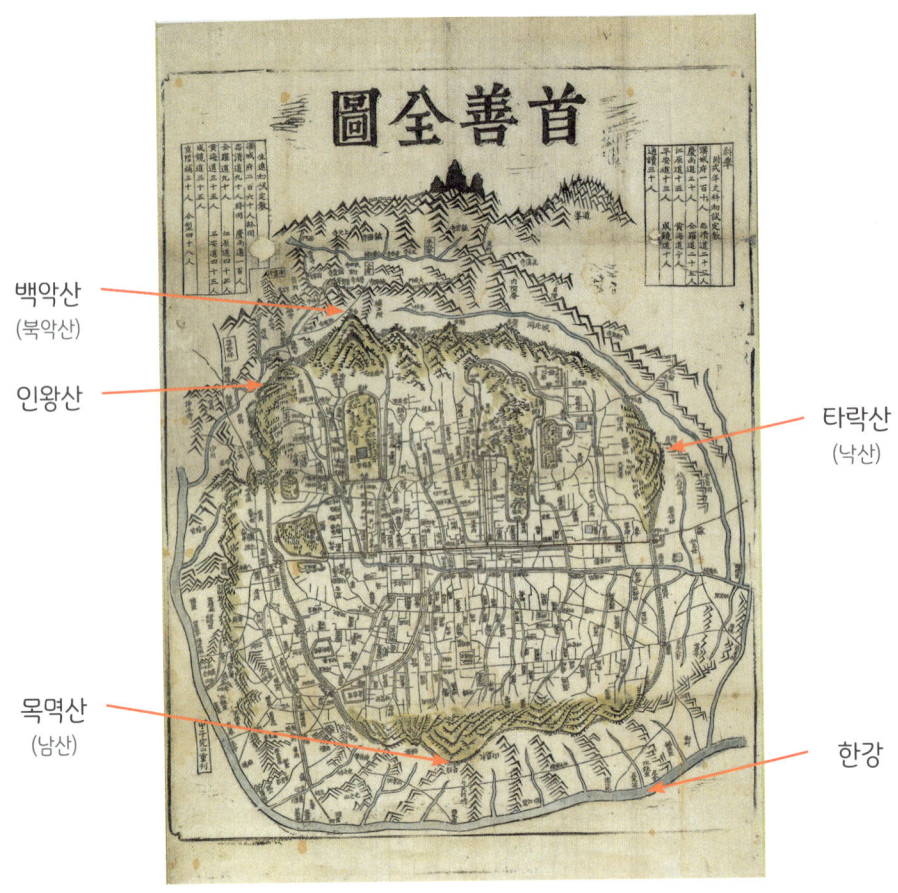

백악산
(북악산)

인왕산

타락산
(낙산)

목멱산
(남산)

한강

지도 이야기 둘

수선전도 首善全圖

수선전도는 지도의 대가인 김정호 선생이 그린 한양의 지도야. 1840년대에 목판에 새겨 만든 것이지. 수선이란 말은 원래 '으뜸가는 선을 세우는 일은 서울에서 비롯된다'는 뜻인데, 서울의 다른 이름으로 사용되었어. 지도에는 도성 안의 궁궐, 관청, 도로, 하천이 아주 자세히 그려져 있어 서울을 처음 찾아온 사람이나 상인들에게도 아주 쓸모가 있었단다. 지도의 목판은 고려대학교박물관에 가면 볼 수 있어.

국가의 중추, 육조거리로 가세요!

임금님은 어디에 계실까?

진짜 옛날 한양에 온 것 같아요!

정말 그러네. 한양은 조선을 세운 권력자들에 의해 한 나라의 수도로서 위엄을 갖추기 위해 철저하게 계획된 도시란다. 유교의 이념에 따라 경복궁을 북악산 아래쪽에 짓고 조상신을 모시는 종묘를 왼쪽에, 곡식과 땅의 신을 모시는 사직단을 오른쪽에 지었지. 그리고 경복궁 앞으로 의정부와 이조, 형조, 병조 등 관청을 짓고 이 거리를 육조거리라 했어.

도성 안팎으로는 도로를 닦아 전국으로 연결되는 교통망을 마련하고 오늘날의 상가라고 할 수 있는 시전도 설치했지.

육조거리 모형이 아주 근사하구나. 마침 임금님 행차도 지나가는가봐. 육조거리는 지금의 광화문앞 세종로야. 국가를 상징하는 가장 큰 도로로 조선시대 정치, 행정의 중심지였어. 동편에는 의정부·이조·한성부·호조·기로소가 있고, 서편에는 예조·사헌부·병조·형조·공조가 있었어.

조선 제일의 번화가, 운종가로 가세요!

도성 안팎으로는 도로를 닦아 전국으로 연결되는 교통망을 마련했어. 이 교통망을 만든 후에 나라에서는 종루에서 남대문까지, 종묘 앞에서 동대문까지 행랑을 지어서 장사를 할 수 있도록 허가를 했는데, 이것이 시전이야. 이렇게 허가를 받은 시전에서 장사를 하는 상인들을 시전상인이라고 했어.

나라에서는 한양으로 들어오는 모든 상품들을 시전상인을 통해서만 거래가 이루어지도록 감시했단다. 그래서 시전이 모여 있었던 종루 부근은 항상 물건을 사고 파는 사람들로 북적거렸어. 그렇게 모여드는 사람의 수가 얼마나 많았던지 마치 구름처럼 모였다가 구름처럼 흩어진다고 해서 종루를 운종가(雲구름운 從좇을종 街거리가)라고 불렀다는구나.

컴퓨터로 알아보는 한양의 시장

컴퓨터 화면을 통해서도 시전에 관해 꼼꼼하게 알 수 있단다.
잘 보면 과일을 팔던 모전, 잡화점인 상전, 병풍전, 생선전을 찾을 수 있단다.

 자, 여기가 사람들이 구름처럼 모여든다는 운종가라는 곳이야. 지금의 종로거리인데 조선시대의 대표적인 상점가라 할 수 있는데, 그 규모가 무려 3,000천 칸에 이를 정도로 컸다고 해.

상점들을 관리하는 경시감을 두어 한양으로 들어오는 모든 상품들은 시전상인을 통해서 거래가 이루어지도록 하게 했어. 그래서 시전이 모여 있는 종루 부근은 항상 물건을 사고파는 사람들로 북적거렸단다.

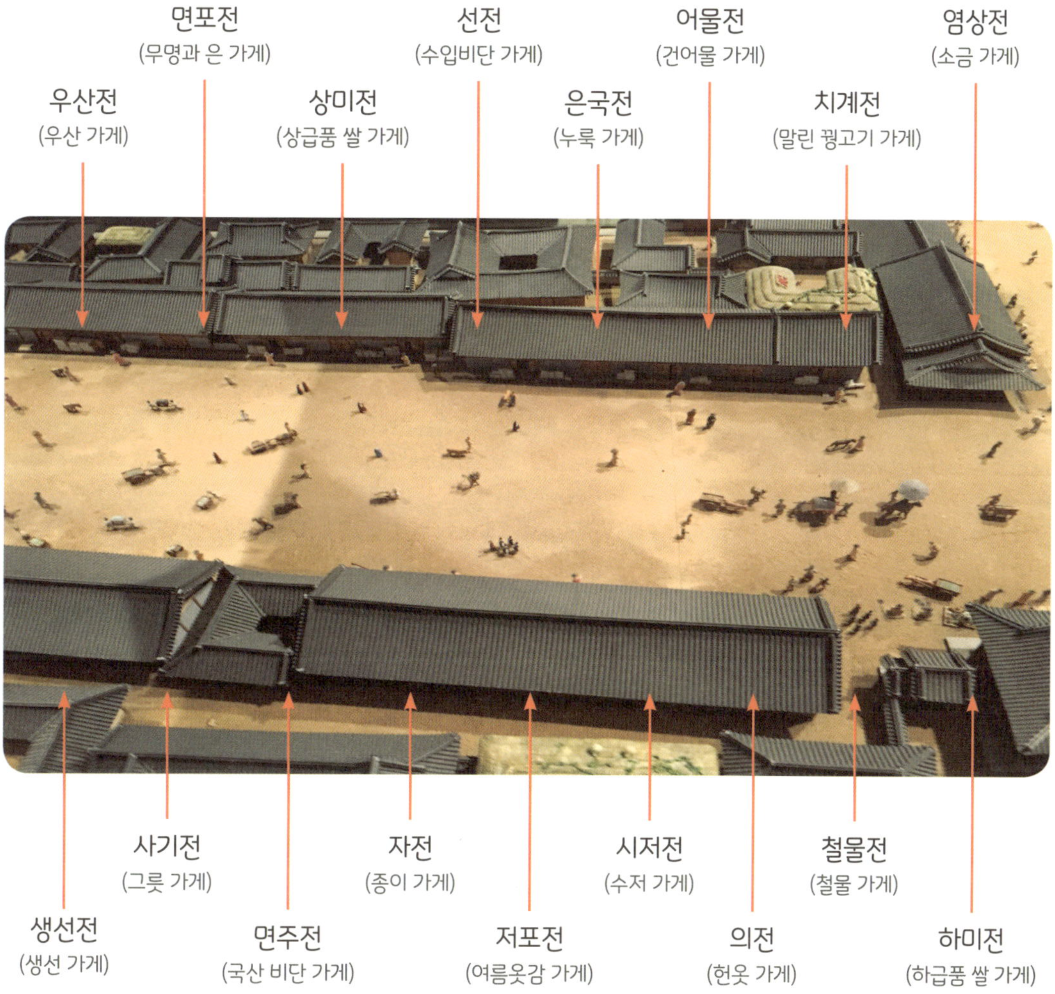

면포전
(무명과 은 가게)

선전
(수입비단 가게)

어물전
(건어물 가게)

염상전
(소금 가게)

우산전
(우산 가게)

상미전
(상급품 쌀 가게)

은국전
(누룩 가게)

치계전
(말린 꿩고기 가게)

사기전
(그릇 가게)

자전
(종이 가게)

시저전
(수저 가게)

철물전
(철물 가게)

생선전
(생선 가게)

면주전
(국산 비단 가게)

저포전
(여름옷감 가게)

의전
(헌옷 가게)

하미전
(하급품 쌀 가게)

여기가 시전이구나.

한양의 시장이 점점 궁금해져요.

당시 한양의 큰 시장은 운종가의 시전, 이현시장, 칠패시장이 대표적이었어. 이 세 시장은 종루를 중심으로 남대문과 동대문에 이르는 아주 넓은 규모였기 때문에 전국 각지의 물건이 모였다가 다시 전국으로 퍼지는 유통의 중심지가 되었단다.

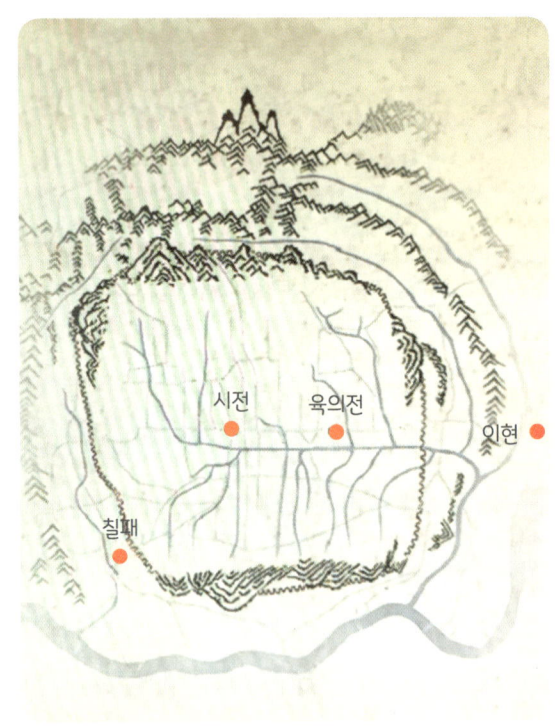
한양의 대표 시장

조선시대 시전에 대해 알아볼까? 가게를 잘 들여다 보면 한 점포에는 한 가지 종류의 물건이 진열되어 있지? 시전에는 '한 점포 한 품목' 원칙이 있었거든. 그래서 시전의 이름도 물건의 이름에 따라 지어졌어. 이런 시전 가운데 규모도 크고, 세금도 많이 내는 곳을 육의전이라 하는데 육의전에서는 이익을 많이 남길 수 있는 물건들을 팔았단다. 육의전이라고 해서 꼭 여섯 가지의 물건만 판 것은 아니라 형편에 따라 달라지기도 했었대.

시전 상인의 모습

 시전에서 그림을 그리는 분이 있어요. 저 분은 지금 벼루랑 물감을 파는 거예요?

 당시 광통교 다리 부근에는 그림을 그려서 파는 서화사, 그리고 책을 파는 책사가 몰려 있었다고 해. 종이를 팔던 곳을 지전이라고 했는데, 지전에서는 나중에 이렇게 벼루, 먹, 물감까지 그림을 그리는 도구도 팔았다는구나.

사진으로 보는 옛날 시장

1900년대 운종가

칠패시장

동대문 밖 나무 시장

마포나루

평양시장

보부상

도성 밖 한양, 성저십리로 가세요!

아빠, '성저십리'가 무슨 뜻이에요?

한성부 도성으로부터 10리(약 4km)이내의 지역을 일컫는 말이야. 북쪽으로는 북한산, 남쪽으로는 한강, 동쪽으로는 중랑천, 서쪽으로는 홍제천까지로 지금의 지역으로 보면 용산에서 마포, 불광동, 북한산, 우이천, 미아리, 중랑천을 잇는 지역이야.

현재 서울이랑 비슷하긴 한데 한강을 건너기 전까지 같아요.

오~ 잘 아는데! 성저십리 안에는 나무를 베거나 묘지를 쓰는 일 등이 금지되어 있었고 농사를 짓거나 집을 짓는 데에도 규제가 많았어. 그래서 조선 전기에는 사람들이 많이 살지 않았는데 후기로 오면서 인구의 50%가 여기에 살았다고 해. 용산이나 마포, 서강은 나루터가 있어서 물자가 오고가는 상업의 중심지였고, 왕십리나 살곶이벌은 도성 안으로 채소를 공급했던 근교농업이 발달하기도 했지.

그럼 성 밖에도 시장이 많았겠네요? 궁금해요.

나라에 세금을 내던 시전 말고, 세금을 내지 않고 장사를 하는 곳도 있었는데 이것을 난전이라고 했단다. 앞에서 한양에 큰 시장이 세 군데 있었다고 했지? 시전은 봤고, 남은 두 군데가 칠패시장과 이현시장이야. 이현시장과 칠패시장에는 난전들이 많았단다.

이 시장들이 어떻게 생겨났는지 알아볼까? 모든 길은 한양으로 통한다고 했잖아. 지방에서 뱃길로 올라오는 물건은 한강의 나루를 통해 한양으로 들어왔고, 물건이 모이니 운반해 주는 곳, 보관할 창고, 음식점, 잠자는 곳도 자연스럽게 생겨난 거야. 이렇게 한강 주변으로 사람들이 많이 모여들면서 등짐이나 광주리에 물건을 싣고 골목길을 누비는 행상들과 소규모 점포를 운영하는 사람들도 생기기 시작했어. 새벽에 용산이나 마포나루 등지를 통해서 들어오는 생선, 마른 생선, 쌀 등을 판매하던 칠패시장도 점점 커졌단다.

이현시장은 새벽에 열리는 채소시장으로 유명했어. 당시의 뚝섬에서는 배추를, 왕십리에서는 무를, 청파에서는 미나리를 많이 길렀는데, 이른 새벽에 흥인지문(동대문)으로 금방 수확한 싱싱한 채소들을 들여와 팔았어. 그러니 새벽녘에 찬거리를 마련하기 위한 서민들로 이현시장은 항상 붐볐단다.

그래서 '모든 길은 한양으로 통한다'고 했나 봐요. 한양으로 오는 큰 길이 열 가지나 있었어요.

한양으로 향하는 10대로

지도 이야기 셋 — 경조오부도와 대동여지도

경조오부도는 1871년 김정호가 만든 최고의 지도인 대동여지도 안에 있는 한성부 지도란다.
경조(京서울경 兆조짐조)는 수도라는 뜻으로 수도의 오부지역, 즉 한성부 전체를 그린 지도라는 의미야. 대동여지도는 모두 21첩인데 병풍처럼 접고 펼 수 있게 되어 있어서 펼쳐서 위 아래를 모두를 맞추면 전국지도가 된단다.
맨 앞의 첩은 목록집이고 나머지 20개 첩에 전국 각 지역의 지도를 담았어.

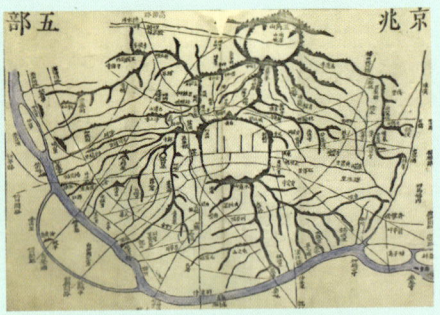

경조오부도

비디오로 한양시장 구경하기

한양의 시장이 어땠을지 어디 한번 가 볼까? 타임머신이 아니라 비디오 주인공을 따라서 가는 거야.
자, 한양에서의 하루가 어땠을지 비디오 속으로 구경가 보자꾸나.

경강의 시장

한강에 나루터가 있던 곳은 어디에요?

'나루터'는 배를 대던 곳이니, 당연히 강가에 있었겠지. 조선 시대에는 한강을 경강이라고 했어. 조선 초기 경강 주변에는 용산, 한강, 서강 이렇게 세 개의 나루터가 있었는데 이를 3강이라고 했단다. 임진왜란 이후에 경제가 발달하고, 항해

마포 경강 나루터

기술이 발전하면서, 바닷길을 통해 전국에서 생산된 물건들이 이곳에 모여들게 되니 자연스럽게 상업의 중심지가 되었겠지?

그래서 1700년대 이후에는 5강(마포, 망원)에서 8강(두모포, 서빙고, 뚝섬)으로 늘어나 나루마다 특징을 지니게 됐단다. 망원은 주로 소금이나 얼음으로 저장한 생선, 서강은 곡물, 마포는 생선, 서빙고는 얼음, 뚝섬은 목재나 나물 등을 취급했다고 해.

배를 타고 내리는 사람들과 전국 각지에서 올라오는 물품들로 항상 시끌벅적했던 경강의 나루터들을 상상해 보렴. 지금은 그 자리에 다리가 생겨서 자동차로 씽씽 달리고 있지만 1900년대 초까지만 해도 나루터를 볼 수 있었다고 해. 가끔 다리를 지날 때 그곳에 있었을 나루의 모습을 생각해 보는 것도 재미있겠지?

경강에서는 어떤 사람들이 장사를 했나요?

이곳에서 장사를 하던 사람들을 경강상인이라고 하는데 전국의 상품들이 모였다가 다시 전국으로 팔리는 곳이었으므로 상인들도 아주 다양했어. 시전에서 장사를 하는 시전상인, 지방에서 올라오는 선상을 접대하고 상품의 매매를 중개하여 수수료를 받았던 경강여객주인, 전라도 등지에서 세금으로 내는 쌀을

운반하는 세곡선을 담당했던 경강선인, 한강 상류에서 내려오는 목재를 판매하던 목재상인, 물건을 운반해 주는 상인, 주류 판매업에 종사하는 상인 등 아주 많았단다.

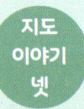

경강부임진도 京江附臨津圖

경강부임진도는 남쪽으로는 경강, 북쪽으로는 임진강 사이의 지역을 한눈에 내려다 볼 수 있도록 그린 지도란다. 조선시대에는 뱃길을 통한 물자교류가 활발히 이루어졌는데 지도에도 한강변의 나루터를 중심으로 상업이 번창했던 당시의 모습이 잘 표현되어 있지. 자, 자세히 볼까? 아래 큰 물줄기가 경강이야. 물줄기를 따라 나루터 이름이 잘 적혀 있어. 지금의 여의도와 잠실을 찾아보렴. 잠실이 멀리 떨어져 있을 거야. 그리고 붉은 색 선은 도로를 나타내고 있는데 모두 어디로 향하고 있지? 그래. 한양으로 이어지고 있어. 모든 길은 어디로 통한다? 한양으로 통한다!!

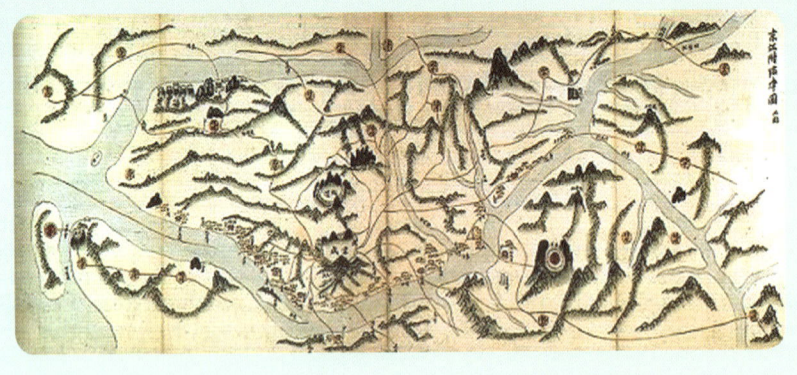

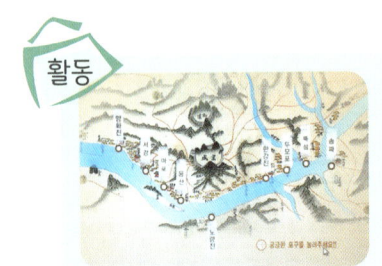

컴퓨터로 경강 나루터 알아보기

경강 나루 앞에 있는 컴퓨터 화면을 잘 눌러봐.
나루터 위치를 잘 알 수 있단다.
자, 3강! 5강! 8강! 누르기 시작!!

경강주변에서 볼 수 있었던 시장의 모습

 오늘도 박물관을 다 둘러보았구나. 한양에 있었던 시장을 본 소감이 어때? 500년 전, 300년 전 사람들이나 지금 우리나 거의 비슷하게 살았지? 아닌가? 각자의 생각에 맡기자. 경강에 있었던 옛 나루가 지금도 다리 이름이나 동네 이름으로 남아 있단다.

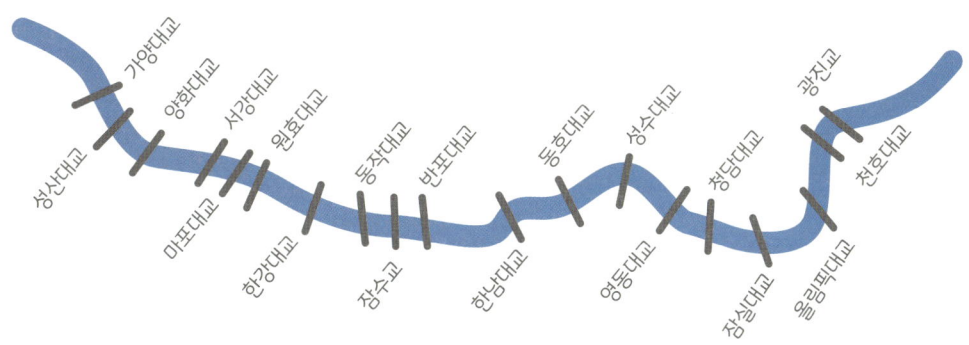

오늘날 한강을 지나는 다리

75

농업 박물관

- 생산의 경제, 농업

서울이라는 도시 한가운데서 농업의 중요성을 알려 주던 농업박물관은 1987년에 문을 열었어. 농사와 관련된 유물은 물론 농업의 역사, 농사법, 농사짓던 사람들의 생활 모습까지 볼 수 있는 곳이지. 특히 농사짓는 모습이나 농촌 생활 모습을 이해하기 쉽게 모형으로 잘 꾸며놓았단다. 먹거리를 위해 조상들이 애쓴 흔적과 땀을 함께 볼 수 있을 거야.

지금으로부터 60년 전까지만 해도 우리나라 사람들의 절반 이상이 농민이었을 정도로 농업은 경제의 중심 역할을 해왔단다. 농업박물관에서는 우리나라 농업이 어떻게 발전하면서 경제의 중심 역할을 할 수 있었는지 시대별로 살펴보려고 해. 석기시대부터 조선시대, 오늘날에 이르기까지 사람들이 먹을 것을 얻어가는 과정에서 자연스럽게 발전한 농업기술을 보게 될 거야. 그리고 농사를 짓던 사람들이 필요한 것들을 사고팔았던 장터도 구경할 수 있단다. 농업박물관 바로 옆 건물에 농협쌀박물관도 있어. 쌀의 중요성을 알려주는 박물관으로 체험과 볼거리가 많이 있단다.

전시장

- 농업역사관
- 농업생활관
- 농협홍보관

우린 이렇게 봐요

- 농업역사관 : 초기농경 → 청동기시대 → 철기시대 → 삼국시대 → 고려시대 → 조선시대 → 근·현대
- 농업생활관 : 두레 → 전통장터

관람정보

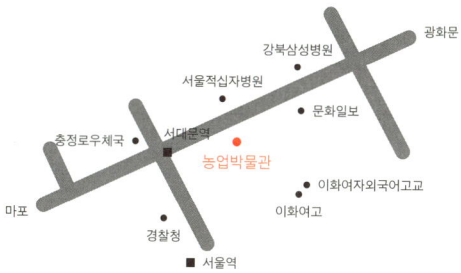

관람시간	3월~10월 9:30~18:00 (동절기 17:30까지)
휴 관 일	월요일, 명절연휴
입 장 료	없음
문 의	02.2080.5727~8
주 소	서울 중구 새문안로 16 농협중앙회 농업박물관
홈페이지	http://www.agrimuseum.or.com
교 통	지하철 5호선 서대문역 5번 출구

농업역사관으로 가세요!

 '농업'하면 우리가 생각하기엔 '아! 농사짓는 것을 말하는구나' 하고 생각할 수도 있지만 사실 농업은 삼국시대부터 조선시대에 이르기까지 아주 중요한 산업이었단다. 사냥과 채집으로부터 시작한 농업은 바로 경제의 시작이라고 할 수 있어. 여러 가지 산업이 발달한 오늘날에도 농업은 여전히 1차 산업으로 중요한 역할을 하잖니? 자, 농업이 경제와 함께 걸어온 길로 타임머신을 타고 가 볼까?

초기 농경의 시작, 신석기시대

 네! 시간여행을 떠나는 것이니까 처음 농사를 짓던 때로 가는 것이죠?

 맞아. 우리나라에는 약 70만 년 전부터 사람들이 살기 시작했는데 이 시대를 구석기시대라고 불러. 당시의 사람들은 강가나 해안, 들판을 돌아다니면서 물고기나 짐승을 잡거나 열매를 따먹는 생활을 했단다. 이것을 어려운 말로 원시 농경이라고 한단다.

그러다가 지금부터 약 1만 년 전인 신석기시대부터 사람들은 농사짓는 방법을 알게 되었어. 농사를 지으니 먹을거리를 찾아서 이동할 필요가 없게 된 것이지. 집을 짓고 정착해서 살게 된 거야. 유적지에서 발굴된 돌칼, 돌낫, 토기들과 움집에서 살았던 흔적들을 통해 당시에 농사가 시작되었음을 알 수 있단다.

움집

그릇 바닥이 뾰족한 것은 땅에 그릇을 꽂아서 썼던 거죠?

| 반달모양 돌칼 | 돌낫 | 빗살무늬 토기 | 갈판과 갈돌 |

초기농경의 모습

빗살 모양의 무늬를 넣었다고 해서 이름이 빗살무늬토기야. 빗살 무늬는 햇빛, 번개, 빗줄기와 같은 자연의 모습에서 가져온 것이라고 보여.

정착농경의 시작, 청동기 시대

작은 기와집처럼 생긴 이건 뭐죠?

농경문청동의기라는 이름의 유물이야. 따비를 들고 밭을 가는 모습과 괭이와 또 다른 연장을 들고 있는 사람이 새겨져 있어. 이것을 보고 이 시기에 이런 도구들을 이용해서 농사를 짓고 살았다는 것을 알 수 있는 거야. 청동기시대에 청동기는 주로 무기나 제사에 쓰이는 것들만 만들었단다. 그러니까 이것도 제사를 지낼 때 사용되었을 거야. 크기가 자그만 것을 보니 아마도 제사장의 목걸이에 달던 건 아닐까?

농경문청동의기

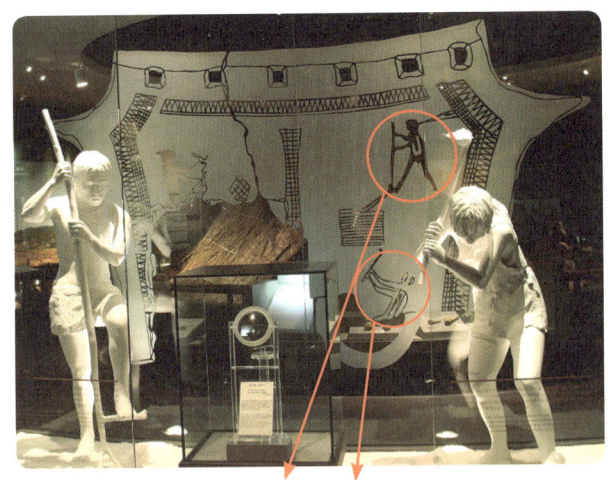
따비 괭이
밭을 일구거나 갈 때 사용

청동기시대에 농사를 짓던 모습을 보자. 이때의 사람들은 한 곳에 정착해 마을을 이루어 농사를 짓고 살았단다. 청동기시대라고 해서 청동으로 농기구를 만들어 쓰지는 못했어. 청동이 귀했기 때문이지.

청동기시대에 농사짓던 모습

 구석기, 신석기, 청동기시대를 다 봤네요. 그 다음은 뭐가 나오나요?

 아주 커다란 변화가 생겼단다. 드디어 쇠(철)로 농기구를 만들 수 있게 된 거야. 이때를 철기시대라고 한단다. 당시 사용된 농기구들을 보면 지금이나 별로 다를 것이 없을 정도지. 돌낫이나 돌도끼를 사용할 때보다 쇠로 만들어진 쇠도끼나 쇠낫을 이용하면 짧은 시간에 훨씬 더 많은 일을 할 수 있었겠지?

쇠도끼　　　　　　　　쇠낫　　　　　　　　납작 쇠도끼

대량생산의 농경, 삼국시대

 와! 여기는 어느 시대죠?

 고구려, 백제, 신라 세 나라가 함께 한반도를 이끌어갔던 삼국시대야. 삼국시대에는 이전보다도 커다란 변화가 많이 있었단다. 돌과 나무로 만들던 농기구를

철로 만들어 사용하게 되고, 나라가 나서서 농사짓는 것을 장려했지.

백제에서 330년에 만든 벽골제라는 저수지를 볼까? 벼농사를 지을 때에는 물이 아주 중요해. 텔레비전 뉴스에서 가뭄이 들어 논바닥이 거북이등처럼 갈라지는 장면을 본 적이 있지? 물이 부족해서 농사를 지을 수 없게 되었을 때를 대비하기 위해, 물을 저장해 두는 곳이 바로 저수지야. 벽골제는 물을 저장할 수 있는 면적이 1,100만 평(여의도 면적의 약 1.3배 정도)에 이르렀다고 하니 어마어마한 규모지? 이런 큰 규모의 저수시설을 만든 것을 보면 백제시대의 토목기술이 상당했음을 알 수 있어.

벽골제 모형

벽골제 만드는 사람들

활동

흐르는 물길 위를 걸어서 따라가 보자.
어디까지 흘러갈까?

 어? 농부가 소를 이용해 논을 갈고 있어요.

 소가 쟁기질하고 있구나. 『삼국사기』에 보면 신라 지증왕 때(502년) 처음으로 짐승을 이용해 농사를 지었다는 이야기가 나와. 힘든 농사일에 짐승을 이용하니 몇 곱절 더 많은 양의 일을 할 수 있었겠지?

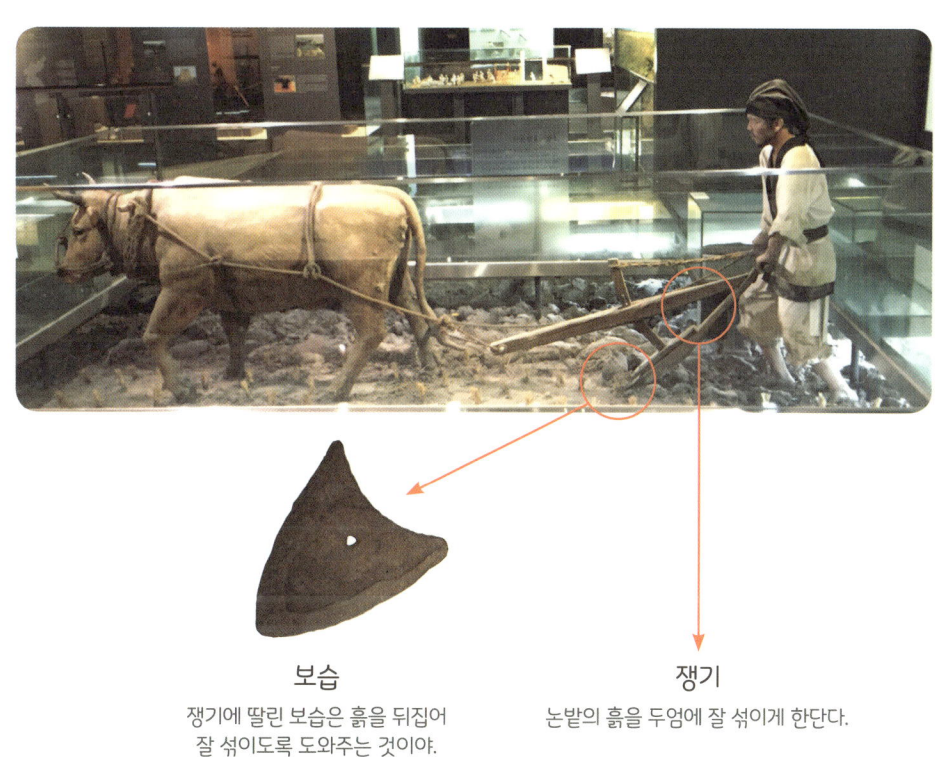

보습
쟁기에 딸린 보습은 흙을 뒤집어 잘 섞이도록 도와주는 것이야.

쟁기
논밭의 흙을 두엄에 잘 섞이게 한단다.

 고구려 고분에 있는 벽화 같아요. 무슨 그림이에요?

고구려 고분 벽화

 이 벽화는 고구려 안악3호분(357년)에 있는 것이야. 의식주 등의 생활모습과 우물, 부엌, 외양간, 방앗간이 그려져 있어서 당시 사람들의 생활을 짐작해 볼 수 있단다.

농업이 발달하고 경제가 안정되자, 문화가 꽃을 피웠어. 단순히 먹거리를 해결하기에 급급했던 원시시대와 비교해 보면 살아가는 모습이 훨씬 더 멋있어 보이지? 디딜방아로 곡식을 찧었을 것이고 시루에는 무얼 넣고 쪄서 음식을 만들었을 거야. 외양간에는 소가 세 마리나 있구나. 소는 무엇에 썼을까? 밭을 갈거나 물건을 실어 나르기도 했지만, '우차(牛소우 車차차)'라고 해서 신분이 높은 사람이 타고 다니기도 했어.

전통농경의 발달, 고려·조선시대

 삼국시대를 지나면 농업이 어떻게 발전하나요?

 고려시대엔 농사뿐만 아니라 비단을 만드는 누에치기가 권해지기도 했어. 그리고 나라에서는 농기구나 종자(씨앗)를 백성들에게 주고 도랑이나 수로를 만들어서 농사를 잘 지을 수 있도록 도왔단다. 또 농사지을 땅을 더 만들기 위해 산비탈까지도 개간을 했어. 산을 계단식으로 깎아서 논밭을 많이 만든 거야. 그것도 구경거리였는지, 중국 송나라의 서긍이라는 사람은 『고려도경』이라는 책에서 산간지역까지 개간한 고려의 농경지를 보고 '멀리서 보기에 마치 사다리 같다'라고 했다는구나.

매직비전으로 보는 계단식 논과 밭

문익점이 중국에서 붓두껍에 숨겨 들여온 목화씨를 1364년 경남 진주에 처음으로 심었어. 그리고 10년도 지나지 않아서 목화는 거의 온 나라에 퍼졌단다. 그 이유는 수확량이 많았고 가공이 쉬웠기 때문이야. 무엇보다도 솜이불을 만들어 따뜻한 겨울을 보낼 수 있었으니 얼마나 반가웠겠니? 목화 농사를 짓는 것은 삼베 농사를 짓는 것보다도 몇 배나 더 수입이 좋았단다. 목화 재배와 같은 새로운 농사는 먹을거리에만 집중되어 있던 농업경제에 아주 많은 영향을 준 것이지.

목화

조선시대의 농업은 어떻게 발전을 했나요?

조선시대에도 고려에 이어 농업을 나라경제의 근본으로 정해 나라살림과 백성의 살림을 살찌웠어. 세종 때에는 우리나라 풍토에 맞는 농사법을 알려주는 『농사직설』이라는 책을 만들어서 전국에 보급했단다. 15~16세기 무렵부터는 천방이라고 하는 규모가 작은 저수시설이 많이 만들어졌어. 또 기상관측 기구도 발달하여 날씨에 대비하며 농사를 지을 수 있게 되었지.

농사직설
(1429년)

모내기하는 모습

밭고랑에 작물을 심어 소득을 높이기도 했어. 조선후기에 들어서면 새로운 벼 농사법으로 모내기(이앙법)가 시작돼. 모내기는 씨앗을 바로 뿌리는 것이 아니라 싹을 틔워서 자란 벼를 논에 옮겨 심는 거야. 이렇게 하면, 벼가 더 튼튼하게 잘 자라고 수확량도 늘어나게 돼. 거름내기, 씨뿌리기, 사이짓기 등도 더욱 발전하여 이때부터 같은 경작지에서 일 년에 두 번 곡물을 수확하는 이모작도 성행했단다.

한편, 토지를 빌려 주고 소작료를 받는 지주와 지주의 토지를 빌려 많은 소득을 올리는 농부도 생겼어. 목화, 채소, 인삼, 담배, 약재, 고추 같이 시장에서 잘 팔리는 농작물을 재배해서 큰돈을 버는 농가도 있었단다. 또 농촌에서도 여자들의 베 짜기 수입이 더 좋아서 집에서 하는 가내수공업이 많아졌어. 단순히 먹기 위해 농사를 지은 게 아니라 작물을 재배해서 농가의 수입을 만드는 농업으로서 자리를 잡은 것이지.

와~이건 뭐죠? 무슨 집 같은데요?

조선시대의 온실이야. 우리나라는 1400년대에 이미 온실을 만들어 겨울에도 채소를 재배했다고 하는 기록이 있어. 놀랍지 않니? 난방시설을 갖춘 과학적 온실을 짓고 재배하는 방법에 대해 자세히 소개한 책자가 바로 『산가요록』(1450년대 의관 전순의가 쓴 생활과학서)이란다. 조선시대의 온실은 세계 최초라고 알려진 독일의 온실보다도 170년이나 앞선 것이지. 시대를 앞섰다는 단순한 이유보다도 오늘날의 온실과 비교할 때도 보온이나, 가습 등의 면에서 훌륭하기 때문이야.

재미있는 이야기 하나 해 줄까? 온실에서 한 겨울에 꽃을 피우는 것을 성공한 사람이 그것을 임금님께 바쳤어. 그 꽃을 받아든 영조임금은 "모든 우주만물은 다 자기의 때가 있는 법인데 그것을 거슬러서는 안 된다."고 한 거야.
만약, 영조 임금이 "신기하도다. 한 겨울에 꽃이라니!"라고 한 마디만 했더라면 우리나라의 온실농업은 어떻게 되었을까?

창
기름 먹인 한지와 거적으로 되어 있어.
45도로 경사지게 만든 기름을 먹인 한지창은 바람이 잘 통하고
빛이 잘 들게 하는 동시에 비를 막는 방수효과가 있었어.
또 실내에 생긴 수증기를 내보내 온도와 습도를 조절하는
한지의 기능은 오늘날의 비닐도 못하는 것이야.
짚으로 만든 거적은 한지창을 덮어 보온의 효과를 내도록 했단다.

바닥
구들을 놓고 그 위에
45cm 정도의 흙을 덮은 다음,
아궁이에 불을 지펴 흙의 온도를
여름처럼 따뜻하게 해 주는 거야.
온돌식 온실인 것이지.

습도조절
아궁이 위의 솥에 물을 끓여서
실내의 습기를 조절해 주었단다.

벽
황토로 쌓은 흙벽은 더운 공기가
밖으로 나가지 않게 한단다.

조선시대 온실

'춘화처리'라고 하는 건 뭐예요?

온실 옆에 보리가 보이지? 보리는 원래 가을에 씨를 뿌려 다음해 봄에 거둬들이는 것이 정상이야. 씨앗이 추운 겨울을 만나야 싹을 틔우는 것이지. 그런데 조

87

선시대는 봄에도 파종이 가능하도록 만들었는데 이 방법을 <mark>춘화처리</mark>라고 해. 가을에, 물에 적신 보리를 흙방에 보관하였다가 봄(입춘)에 꺼내 음지에서 얼려서 얼보리를 만든 다음, 밭고랑에 뿌리는 기술이란다. 씨앗이 겨울을 지난 듯한 착각을 하게 하게끔 하는 이 기술은 16세기 후반에 개발되어 사용됐어.

겨울보리를 물에 적셔 흙 속에 묻어 두었다가 | 2월 무렵에 묻어 둔 보리를 꺼내 음지에서 얼린 다음, | 가을 보리의 특성이 사라진 얼보리를 봄에 파종하는 거야.

보리의 춘화처리 과정

이곳엔 농기구가 아주 많아요.

그래, 어떤 농기구들이 쓰였는지 알아볼까? 조선시대의 농기구는 그 이전시대에 쓰던 농기구하고 재료는 크게 다를 것이 없어. 하지만 쓰임에 따라 필요한 농기구들이 많이 만들어졌단다. 훨씬 더 농기구가 다양해진 것이지.

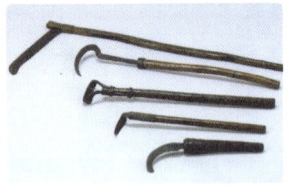  

낫 — 풀이나 곡식을 벨 때
장군 — 오줌이나 인분을 멀리 운반할 때
호미 — 논이나 밭을 맬 때

나래 — 논밭을 평평하게 고를 때
길마 — 소의 등에 짐을 올리기 위해 받쳐놓는 안장
지게 — 나무나 곡식 등 무거운 짐을 운반할 때

풍속화로 보는 조선시대의 농업

논갈이

조선시대 그려진 김홍도의 풍속화에서도 농사일로 바쁘게 움직이는 사람들을 볼 수 있단다.

워~ 워~ 하는 농부의 소리에 맞춰 한 쌍의 소가 힘차게 쟁기를 끌고 있구나. 옆의 두 사람은 쇠스랑으로 흙을 평평하게 고르고 있지?

벼타작

농부들이 윗도리를 풀어 헤치고 벼를 타작하고 있단다. 그 위에서 주인처럼 보이는 사람이 비스듬하게 누워 감독하고 있는 모습도 보이네. 농부들 사이로 가로로 길게 놓여 있는 통나무는 '개상'이라는 조선시대 탈곡기야. 나무 대신에 넓적하고 길쭉한 큰 돌을 쓰기도 했단다. 밧줄이나 단단하게 꼰 새끼줄로 볏단이나 보릿단을 묶어 개상에 힘껏 내리치면 낟알이 떨어지겠지? 분업도 잘 되어 있었나 봐. 볏단을 지게에 지고 옮기는 사람도 있고 낟알을 빗자루로 쓸어 모으는 사람도 보이지?

이 두 그림은 김홍도의 『단원풍속도첩』에 들어 있어.
그림의 크기는 가로 23㎝ 세로 27㎝이며, 국립중앙박물관에 소장되어 있단다. (보물 제527호)

경작도

나무 밑에 앉아 있는 양반네들을 아랑곳하지 않고 묵묵히 소를 끌며 밭을 갈고 있는 농부를 참 잘 표현했지? 강아지도 농부를 따라 밭 갈러 나왔나 봐.

이 그림은 김홍도가 52세에(1796년) 그린 것이야. 그림의 크기는 가로 26.7㎝ 세로 31.6㎝이며 호암미술관에 소장되어 있단다. (보물 제782호)

기계화된 농업, 근·현대

이곳에 있는 농기구는 좀 더 좋아진 것 같아요.

그래. 근대에 쓰인 농기구들이야. 사람의 손으로 하던 부분들이 조금씩 기계화된 것이지. 예전엔 손으로 새끼를 꼬았다면 새끼틀에 볏짚을 넣고 새끼를 꼬는 것처럼 말이야. 그만큼 사람의 손이 덜 가도 많은 일을 쉽게 해 낼 수 있으니 한 사람이 농사지을 수 있는 양도 많이 늘어나게 됐어. 이것을 생산력이 높아졌다고 한단다.

새끼틀
볏짚을 넣어 새끼를 꼬는 기계

제초기
잡초를 제거하는 기구

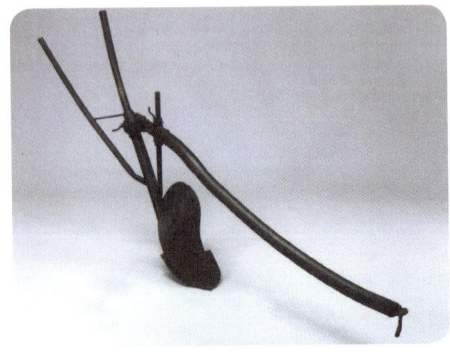

개량쟁기
재래식 쟁기를 개량해 몸체를 쇠로 만든 쟁기

족답식 탈곡기
사람이 발로 밟는 힘을 이용해
벼이삭에서 낟알을 털어내는 농기계

농경문화를 이끈 세계적인 과학 유물들

첨성대
신라 선덕여왕 때 세운 천문대야. 경주에 있단다. 현재까지 남아 있는 천문대 중 세계에서 가장 오래 되었지. 하늘의 별자리를 관찰하는 것은 농사일에서 아주 중요했단다. (높이 약 950cm. 국보31호)

천상열차분야지도 각석
조선 태조 때(1396년) 만들어진 천문지도를 새긴 돌이란다. 중국 남송의 '순우천문도'에 이어 세계에서 두 번째로 오래된 것이야. 국립고궁박물관에 가면 볼 수 있어. (국보228호)

측우기
강우량을 재는 도구야. 1442년 세종대왕 때 처음 만들어진 것으로 세계에서 가장 먼저 쓰였단다. 그 후에 여러 차례 만들어졌는데, 현재 남아 있는 것은 1837년에 청동으로 제작된 것이야. 현재 중앙기상대에 보관되어 있어. (보물 제561호)

측우기

천상열차분야지도 탁본

초기농경시대부터 이곳까지 오면서 농기구가 어떻게 변했는지 잘 보았지? 돌칼을 쓰다가 돌낫으로, 그리고 쇠낫으로 발전해서 오늘날은 콤바인이라는 기계가 낫의 기능을 대신하고 있단다. 기계의 발달은 두세 사람이 하루 동안 해야 할 일을 한 사람이 한 시간 만에 할 수 있게 해 놓은 거야. 농기구의 발달은 생산력의 증가로 이어졌다는 말을 이젠 알겠지?

그럼 요즘 농사는 전부 기계가 하나요?

전부라고 할 수는 없지만 씨 뿌리고 거두는 것까지 많은 부분을 기계가 대신해 주기는 한단다. 오늘날에는 과학영농이라고 하여 농사일뿐만 아니라 새로운 품종을 개발하고 재배방법을 연구하고 있어. 그러고 보면 농업의 역사가 곧 기술의 발전 과정이고 과학 발달의 역사라 할 수 있겠지? 요즘은 농산물 판매도 인터넷으로 하는 시대인데, 앞으로는 농사를 대신 지을 로봇이 나오는 건 아닐까?

농업생활관으로 가세요!

 와~ 2층에 오니 진짜 농촌에 온 것 같아요!

 그렇지? 여기에서는 농촌 사람들의 생활 모습을 볼 거야. 서로 협동해서 농사짓던 두레와 시골장터를 보자.

두레

 두레가 무슨 뜻이에요?

 농사는 계절에 따라 짓는 것이잖아. 특히 모내기, 김매기와 같은 농사일은 일 년 중에서도 짧은 기간 동안에 얼른 해야 하니 많은 일손이 동시에 필요했던 거야. 그래서 힘을 합치게 되었어. 이렇게 일을 하니, 한 마을이 한 가족처럼 생각되었고, 기쁜 일이나 슬픈 일에도 서로서로 도와주면서 살았단다. 이런 모임이 조금씩 체계를 갖추어서 만들어진 것이 두레야. 나라에서 만들라고 시킨 것이 아니라 농민들이 생활에서 필요했던 부분을 모임을 만들어 잘 이끌어 간 것이

지. 힘든 일을 하면서도 노래와 놀이를 즐겼던 조상들의 모습을 두레를 통해서 볼 수 있단다.

함께 일하고 함께 즐기던 두레의 모습

전통 장터

 아휴, 다리 아파.

 여기 평상에 앉아서 좀 쉬었다 갈까?

 우와~ 여기 앉으니 시장이 훤하게 보이네요. 옛날 시골에 있던 시장이 저렇게 생겼구나. 그때도 지금처럼 언제나 시장에 가면 물건을 살 수 있었을까요?

 그렇지는 않았단다. 한양에는 시전이라고 해서 매일 열리는 상점이 있었지만 시골이나 농촌에서는 3일이나 5일, 7일에 한 번씩 장이 열렸어. 그래서 장날을 기다렸다가 필요한 물건이나 부족한 것이 있으면 찾아가서 사곤 했지.

시골 장터 구경을 어디 한번 해 볼까? 곡식을 팔고 있는 싸전, 닭과 오리를 팔러 나온 사람, 대장간, 잡화점, 놋그릇 가게, 옷감 가게, 생선 가게, 떡과 국수를 팔던 가게, 엿장수 등 없는 것이 없구나. 시장은 필요한 물건을 사러 오기도 하고, 오랜만에 이웃 사람들도 만나 서로 이야기를 주고받던 곳이었단다. 사람이 모이니 자연스럽게 즐길 거리도 많았겠지?

주막은 행상이나 여행을 하던 사람들이 들러서 식사와 잠자리를 해결하거나 술을 마시며 쉬어 가던 곳이야. 사람들이 오가는 장터나 고개 길목, 나루터 등에 주로 자리 잡았는데, 경제가 활발했던 조선 후기엔 10~20리 간격으로 생겨났다고 해. 술을 마시는 사람들은 방값을 따로 내지 않고 잠을 잘 수 있었다지?

장터에 있는 가게들의 이름을 지어 보자.

내가 농사를 짓지 않아도 음식을 먹을 수 있는 것은 누군가 농사를 짓고 있기 때문이야. 오늘날에는 다른 산업들이 워낙 발달해서 예전보다 농업이 덜 중요하게 보일 뿐이지. 환경이 오염되고 아토피 같은 현대병이 생겨나자, 사람들은 먹거리를 점점 더 중요하게 생각하게 되었어. 그래서 약을 치지 않고 농사를 짓는 친환경농업 등이 더 가치 있는 산업으로 자리잡아가고 있단다. 미래의 농업은 어떻게 달라질까? 우리 아나하고 바다도 한번 생각해 보렴.

한국 금융사 박물관

- 당나귀는 왜 은행으로 갔을까?

1997년에 세워진 한국금융사박물관은 은행이 생겨나기 전에 있었던 금융활동을 아주 자세히 볼 수 있는 곳이야. 은행이 없었던 옛날에 돈을 어떻게 빌려 주고 받았는지 잘 알 수 있도록 해 놓았거든. 은행이 시작된 때부터 오늘날에 이르기까지의 역사도 한눈에 볼 수 있고, 화폐전시실에서는 여러 가지 화폐를 가까이에서 볼 수 있도록 해 놓았단다.

신한은행의 발자취에는 우리나라 최초의 은행으로 창립된 한성은행이 조흥은행으로 바뀌고 1982년 설립된 신한은행과 통합된 현재까지의 역사가 전시되어 있단다.

이곳에서 우리는 조선시대를 중심으로 당시의 금융거래와 상거래문화를 보고 그때 상인들이 사용했던 장부와 셈법을 알아볼 거야. 그리고 엽전을 만드는 과정과 여러 가지 화폐를 보려고 해. 또 은행이 처음 설립되었을 때의 모습과 그때 일어났던 이야기들을 알아보자꾸나.

전시장

- 전통시대의 금융
- 근대기의 금융
- 일제강점기의 금융
- 해방 이후의 금융
- 신한은행의 발자취
- 화폐전시실

우리 이렇게 봐요

전통시대의 금융 → 근대기의 금융 → 일제강점기의 금융 → 해방 이후의 금융 → 화폐전시실

관람정보

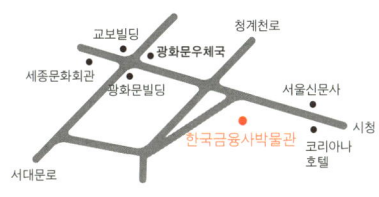

관람시간	10:00~18:00
휴 관 일	일요일, 법정공휴일
입 장 료	없음
문 의	02.738.6806
주 소	서울특별시 중구 세종대로 135-5
홈페이지	http://www.shinhanmuseum.co.kr
교 통	1, 2호선 시청역 3번 출구 / 5호선 광화문역 6번 출구

전통시대의 금융으로 가세요!

 여기가 한국금융사박물관인데 저는 '금융'이라는 말부터 모르겠어요.

 그래. 금융이란 말 어렵지? 금융(金쇠금 融융통할융)이란 '금의 융통'을 줄인 말로 금이란 돈, 융통이란 필요한 물건이나 돈을 서로 돌려쓰는 것을 말해. 그러니까 금융이란 쉽게 말하면 '돈을 빌리거나 빌려주는 것'이라는 뜻이지.

사람이 살다 보면 갑자기 큰돈이 필요할 때가 있단다. 요즘엔 큰돈이 필요하면 은행에서 대출을 하는 경우가 대부분이지. 그런데 은행이 없었던 때에도 돈은 필요했을 터이고 그럴 땐 어떻게 했을까? 돈이 많은 사람에게 빌리거나 아니면 또 다른 방법이 있었을까? 이곳은 이런 궁금증을 푸는 데 아주 좋단다. 어디 박물관에 들어가 알아볼까?

 '구휼제도'라고 써 있는데 무슨 말이에요? 또 구휼제도가 금융하고 어떤 관련이 있나요?

 금융이 돈을 빌려주는 것이라고 했잖니? 이렇게 돈을 빌려 주고 되갚는 거래를 구휼(救구할구 恤불쌍할휼)제도에서 찾아볼 수 있다는 거야.

옛날엔 지금처럼 먹을 것이 풍부하지 않아서 가뭄이나 흉년이 들면 많은 백성들이 배고픔에 시달려야 했단다. 먹을 것이 부족한 백성들에게 도움을 주었던 제도를 구휼제도라고 해. 식량이 부족할 때 곡식을 빌려 주고 가을에 추수를 해서 갚는다고 하여 환곡(還돌아올환 穀곡식곡)이라 부르기도 한단다. 이 제도는 시대에 따라 그 이름이 변했는데, 고구려시대에는 이것을 진대법이라고 했고 고려시대에는 의창이라고 했어. 또 조선시대에 와서는 의창, 사창이라고 불렀지. 처음에 곡식을 빌려주고 받을 때는 이자가 거의 없었는데 점차 이자가 생겨나게 되었어. 나중에는 이자가 너무 많아져서 백성들의 원성을 샀단다.

환곡
조선시대 전라도, 충청도, 경상도의
환곡내용을 기록한 장부

'이자'라는 것은 또 뭐예요?

돈을 빌려 주었다가 다시 받을 때 빌려 준 돈에 덧붙여서 받는 것을 이자라고 해. 돈을 빌려 준 사람도 빌려 준 돈만 그대로 받으면 좋진 않았을 테니까 말이야. 우리 역시 은행에 예금을 하면 예금한 돈에 대해 이자를 받을 수 있단다. 반대로 돈을 빌리면 얼마의 이자를 내야 하고.
할리목록이라는 문서는 조선시대에 돈을 빌려 주고 받을 때 사용되었던 이자의 비율(이율)을 적어 놓은 것이야. 이때에는 이자가 비싸서 돌려 줄 원금보다도 이자가 더 많아지는 경우도 있었어. 배보다 배꼽이 커졌다는 말이 딱 맞는 이런 상황은 주로 가난한 사람들에게 일어났단다.

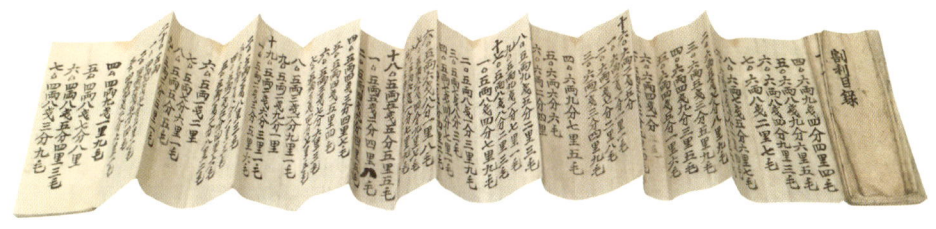

할리목록
이자의 비율을 적어 놓은 문서

 여기에 있는 문서들은 예전에 모두 사용했던 것인가요?

 그렇지. 손이 그려진 문서도 있네? 이 '허여성문' 문서는 어떤 사람의 재산문서야. 무슨 내용인가 하면, 자신이 가지고 있는 논과 밭을 자식들에게 골고루 나누어 준다는 내용인데 마지막에 오른손을 대고 그려 놓았어. 이렇게 조선시대 서민은 자신의 손을 붓으로 본떠서 문서에 그려 넣기도 했단다. 지금의 도장이나 사인처럼 약속을 지키겠다는 뜻을 표현한 거야. 이것을 수결(手손수 決결정할결)이라고 하는데 임금이나 관직에 있는 사람은 자신의 이름을 쓰거나 일심(一心)이란 두글자를 썼단다.

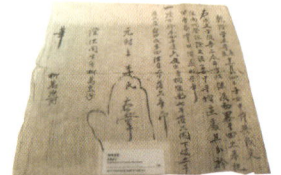 

허여성문   노비자매문서

손을 그려서 약속을 한 문서

또 다른 문서를 하나 볼까? 권분기(勸권할권 分나눌분 記기록할기)라는 것인데, 정재선이라는 사람이 진 빚을 일가친척들이 나누어 대신 갚아 줘야 한다고 적혀 있어. 조선시대에는 어느 한 사람이 세금이나 빚을 갚지 못하면 가까운 일가친척들이 나누어 갚도록 했다는구나. 이것을 결정한 문서가 권분기야.

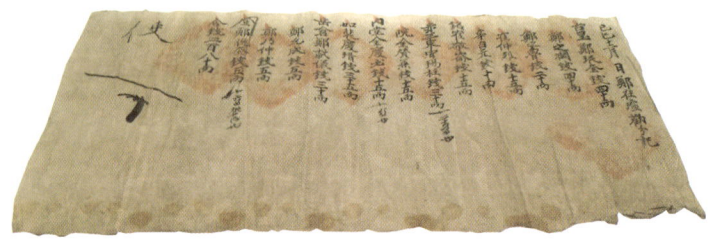

권분기

빚을 일가친척이 나누어 갚도록 한 문서

명재판 이야기

옛날이야기 하나 들려 줄게. 고려시대에 있었던 일이야. 한 남매가 살았는데, 그 남매의 아버지는 세상을 떠나면서 전 재산을 몽땅 누나에게 물려준다는 유서를 남겼지. 남동생한테는 검은색 옷 한 벌, 모자 하나, 신발 한 켤레, 종이 한 장만 남겨 주었지 뭐야. 나중에 남동생이 가만히 생각하니 유서의 내용이 억울한 거야. 그래서 관아에 가서 말을 했지.

남동생 : "딸과 아들이 같은 부모에게서 태어났는데 어찌 누님만이 부모의 전 재산을 차지하고 아들에게는 나누어 주지 않는단 말입니까?"

누이 : "아버지가 쓰신 유서가 여기 있는데 어찌 어길 수 있겠느냐?"

그렇다면 이 재판을 맡은 경상도 안찰사 손변은 과연 어떤 판결을 내렸을까? 곰곰이 생각하던 손변은 하루는 남매를 다시 불러 물었단다.

손변 : "너희 아버지가 돌아가실 때에 어머니는 어디 계셨느냐?"

누이 : "먼저 돌아가셨습니다."

손변 : "그럼 그때 너희는 몇 살이었느냐?"

남동생 : "누님은 이미 결혼을 하셨고 저는 일곱 살인가 여덟 살이었습니다."

두 사람의 이야기를 들은 손변은 그들에게 말했다.

손변 : "부모의 마음은 아들이나 딸이나 똑같은 것이다. 어찌 장성해서 출가한 딸에게만 후하고 어머니도 없는 아들에게는 박하겠느냐? 생각해 보아라. 너희 아버지가 돌아가실 때 동생은 아직 어린 아이였다. 그러니 의지할 곳이 누이밖에 더 있었겠느냐? 그런데 만일 재산을 둘에게 똑같이 나눠 주었더라면 누이는 아마도 동생에게 지극한 사랑을 베풀지 않았을 것이고 그러면 동생을 잘 돌보지 못했을 것이다."

남동생 : "그럼 제게는 왜 네 가지만 남기셨을까요?"

손변 : "그것은 네가 자라서 이 고소장을 적고, 검은색 옷을 입고, 갓을 쓰고, 미투리를 신고 관아에 가서 호소하면 이 일을 판단해 줄 사람이 있을 것이라 생각하신 것이다."

오누이는 아버지의 깊은 뜻을 깨달았단다. 손변은 오누이에게 재산을 똑같이 나누어가지라고 판결해 주었지. 이 이야기를 보면 고려시대에는 남자와 여자가 평등하게 유산을 물려받았다는 것을 알 수 있어. 이 판결은 명재판으로 알려져 있기도 해.

내가 만일 이 오누이의 재판을 판결하는 재판관이라면 어떤 판결을 내렸을까?
자, 재판관이 되어 판결을 내려 보자.

갑자기 큰돈이 필요할 때는 빌리는 방법 말고 다른 것은 없었나요?

자, 그럼 은행이 없던 시절엔 큰돈을 마련하려면 어떻게 했을까? 가까운 이웃 또는 친척끼리 혼인, 장례와 같은 큰일에 대비하거나 재산을 늘리기 위해 생활 필수품이나 옷감, 돈을 모으는 모임을 했는데, 이것을 계라고 해. 계모임을 하면서 돈이 필요했던 사람들은 돈을 융통할 수가 있었어. 매달 조금씩

계모임

돈을 넣고 시간이 지난 뒤에 목돈을 찾는 오늘날의 은행적금처럼 말이야. 이런 계는 삼국시대부터 있었단다.

와, 할아버지가 말씀하셨던 전당포다!

전당포란 값어치 있는 물건을 맡기면 그 값을 매겨 돈을 빌려 주고 이자를 받는 곳이란다. 고려시대부터 있었다고 해. 너무 돈이 급할 때는 사람을 담보로 잡히고 돈을 꾸기도 했다는 이야기가 있어. 그런데 전당포는 아주 높은 이자를 받았기 때문에 서민들의 원성이 자자했다고 해. 그래서 그런지, 소설 속에 등장하는 전당포 주인도 대부분 나쁜 사람으로 나오기도 해. 지금은 은행이 발달하면서 이런 전당포는 거의 찾아볼 수 없게 되었어.

전당포

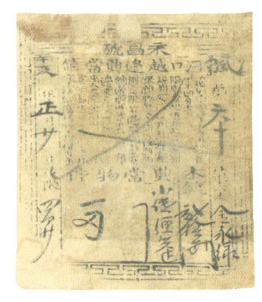
전당표
전당포에서 물건을 담보로
돈을 빌렸다는 것을 확인해주는 표

 계모임이나 전당포 말고 지금의 은행처럼 큰돈을 빌려주던 곳은 없었나요?

 은행과 비슷한 일을 대신했던 곳도 있었지. 조선시대의 객주나 여각에서 오늘날 은행이 하는 일과 비슷한 일을 했는데 전시장 가운데에 있는 객주를 잘 보렴.

객주에서 주로 했던 일은 상인들이 맡기는 물건을 거래처에 소개해 주고 그 댓가를 받는 것이야. 그 외에도 물건을 보관하거나 잠잘 곳을 빌려 주고 또 운반을 소개하는 일도 했어. 그리고 지방 상인이나 생산자가 맡긴 물건을 담보로 돈을 빌려 주는 등 은행이 하는 금융업무도 했단다.

여각은 배가 드나드는 포구나 상업의 중심지에 있으면서 곡물, 소금이나 수산물 등을 맡아 놓고 파는 일을 하던 곳이야. 객주와 별 다를 것이 없어. 다만 여각은 물품을 오랫동안 보관할 수 있는 큰 창고와 소나 말을 재우는 마방을 갖춘 곳도 있었다는 것이지. 이처럼 조선 후기 객주나 여각은 예금이나 대출, 어음의 발행과 같은 오늘날의 은행 업무를 했단다.

객주

옛날 상인들도 돈을 어디에 썼는지, 얼마를 팔았는지 적어 놓았나요?

용돈을 받으면 용돈기입장에, 집에서는 가계부에 잘 적어 놓아야 돈이 어디에 어떻게 쓰였는지 알 수 있잖아. 조선시대의 상인 역시 아주 꼼꼼한 기록장을 썼단다. 개성상인들에 의해 개발되어 널리 사용되었던 장부기록법인 송도사개치부법을 볼까? 송도사개치부일기라고도 하는 이것은 서양의 장부기록보다 200년이나 앞섰던 것이야.

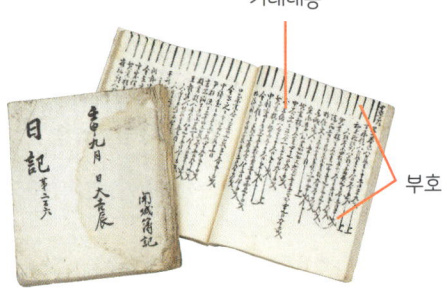
송도사개치부일기

송도사개치부일기는 말 그대로 하루의 기록이야. 하루 동안 돈이 들어오고 나가는 것을 먼저 일기책에 적고 장책으로 옮겨 적은 후 다시 회계책에 옮겨 적었어. 이 일기책에는 장책에 옮겨 적었다는 내용, 장책과 맞춰 보았다는 것, 현금이 들어왔는지, 나갔는지를 표시하고 있단다.

개성상인 이야기

개성상인은 다른 말로 송도상인, 또는 송상이라고 불린단다. 송도는 고려의 수도였던 개성의 옛이름이야. 고려를 세운 왕건은 당시 해상무역으로 많은 돈을 모은 집안의 사람이었어. 그런 영향도 없지 않아 고려는 상업활동이 활발했단다.

하지만, 고려에 이어 세워진 조선은 상업을 중요하게 생각하지 않았어. 뿐만 아니라, 태조 이성계는 고려에서 큰 세력을 가졌던 사대부와 지식인들을 등용하지도 않았지. 조정으로부터 버림받은 이들은 자연히 옛 고려의 수도였던 개성에 남아 상업활동에 참여하게 되었단다.

학식과 지식이 뛰어났던 이들은 서양보다 200여년이나 앞서서 훌륭한 장부 정리법을 만들었는데, 그게 바로 송도사개치부법이야. 조선중기 이후, 경제활동이 활발해짐에 따라 개성상인들은 객주, 여각을 통해서 상권을 전국적으로 확대해 나갔단다.

그럼 들어오고 나가는 돈을 어떻게 계산했나요?

요즘은 계산기나 컴퓨터를 이용하여 셈을 하지만 이런 기계들이 없었을 때에는 산가지나 주판과 같은 것으로 계산을 했단다. 산가지 본 적이 있니? 자. 산가지를 한번 이용해 볼까? 우리 조상들은 삼국시대에 중국에서 들여온 이 산가지 셈법을 약 2,000년을 사용했단다.

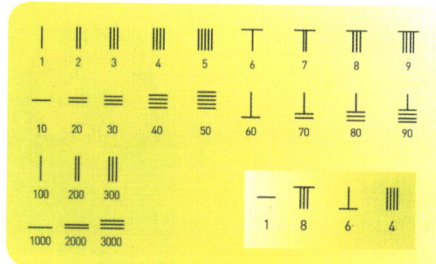 

산가지 셈과 산가지

이 초대형 주판은 정말로 사용했을까요? 굉장히 커요. 아빠!

정말 큰 주판이지? 아빠가 어렸을 때 할아버지가 주판으로 1원이요, 3원이요, 하면서 계산하시던 기억이 나는구나. 지금이야 계산기가 복잡한 계산을 순식간에 해주고 있으니 정말 편리하지.

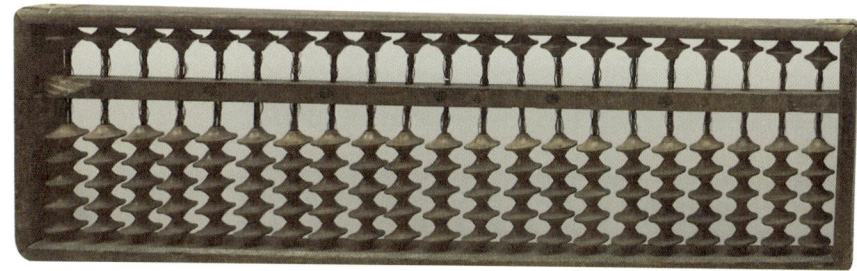

초대형 주판

주판
(시각장애인용)

소형주판

소형주판
(철제주판)

105

근대기의 금융으로 가세요!

우리나라에는 지금 은행과 같은 은행이 언제 세워졌나요?

우리나라 은행의 시작은 1878년 일본의 제일은행이 부산에 설립되면서 부터 야. 1876년 개항이 되자, 근대적인 우리의 은행이 채 생기기도 전에 외국의 은행들이 우리나라에 속속 들어오면서 금융기반을 흔들어 놓았단다.

그리고 1894년 갑오개혁(1894년~1896년 개화파 내각에 의해 추진된 개혁운동)으로 당시 곡식이나 물건으로 받던 세금을 돈으로 내는 조세 '금납화'가 전면 시행되면서 나라 돈을 받을 수 있는 은행이 필요해진 거야.

이런 상황에서 외국의 침략을 막고 우리 민족의 상권을 보호할 은행의 설립이 정말 필요하다는 생각을 하게 된 거야. 1897년에 한성은행과 조선은행이 설립되었고 1899년에는 대한천일은행 등의 여러 민족은행들이 생겨나면서 그 전과는 다른 모습의 금융거래가 시작되었어. 그러나 여러 가지 어려움으로 일부는 곧 문을 닫았고 한성은행(현재 신한은행)과 대한천일은행(현재 우리은행)만이 오늘날까지 이어져 오고 있단다.

 그럼 지금 은행들 중에는 100년이 넘은 은행이 있는 거네요?

 그렇지. 한성은행은 설립 당시 독립신문에 1897년 3월 25일부터 한 달 동안 은행이 만들어졌다는 것과 하는 일에 대해 광고를 내기도 했단다. 한성은행 규칙은 1897년 1월 작성된 것인데 오늘날의 회사규칙과 같은 것으로 현재 남아있는 것 중에서 가장 오래된 것이야.

한성은행 소안동 영업소

한성은행 본점 모형

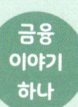 **금융 이야기 하나**

100년 전 은행원의 봉급은 얼마일까?

100여 년 전 은행이 처음 만들어졌을 때 직원들이 받았던 월급은 얼마나 될까?

자, 들어봐. 은행장은 20원, 부은행장 16원, 총무는 12원, 출납원은 12원이었대.

지금으로 계산하면 얼마일까?

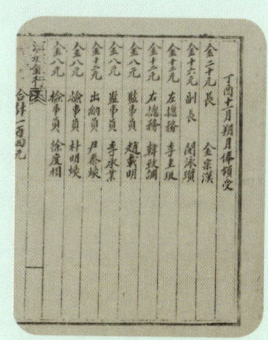

1897년의 한성은행 직원 봉급명세표

옛날 한성은행은 송금을 어떻게 했을까?

금융 이야기 둘

돈을 다른 곳으로 보내는 송금은 어떻게 했을까? 은행이 생기고 1900년대 말에 한 외국 여행객이 외국돈 30달러를 우리 돈으로 바꿔 지방으로 송금해 줄 것을 부탁했는데 아! 글쎄 한국 돈으로 바꾸니 32.76kg이더래. 32.76kg은 큰 아이 하나 정도의 몸무게잖아. 그래서 이 돈을 지방으로 옮기려니 운반할 사람이 6명에, 거기다 말 4필까지 동원됐다고 하니, 배보다 배꼽이 컸겠지?

당나귀가 은행으로 갔다고 하네. 왜 갔을까?

금융 이야기 셋

한성은행이 처음 문을 열고 며칠이 지나도 돈을 빌려가는 손님이 없었어. 드디어 한 손님이 등장했대. 이 손님은 대구에서 장사를 하는 사람인데 서울에서 잘 팔리는 물건을 사러 왔다는구나. 아, 그런데 돈이 부족한 거야. 그래서 은행을 찾아왔는데 은행에서는 돈을 그냥 빌려 주지 않잖아? 돈을 갚지 않고 달아나 버리면 은행만 손해니까 말이야. 그래서 담보로 맡길 부동산이나 귀금속이 있냐고 은행에서 물어 봤어. 이 사람은 급하게 오느라고 그런 것들을 가져 오질 못했나봐. 그런데 마침 타고 온 당나귀가 생각나는 거야. 당나귀를 맡기고 돈을 빌릴 수 있냐고 했지. 은행에서는 당나귀를 담보로 해서 돈을 빌려 주었지 뭐야. 그럼 은행에서는 당나귀를 어떻게 했을까?

은행에선 빌려 준 돈을 돌려받을 때 당나귀를 돌려주어야 하니, 먹이도 줘야지 병에 걸리지 않게 잘 돌봐야지 참! 바빴겠지? 당나귀 주인은 돈을 갚고 당나귀를 찾아갔을까?

며칠 후 주인이 은행에 돈도 갚고 당나귀도 찾아갔다는 이야기도 있고, 주인이 찾아가지 않아 은행장 전용 당나귀로 이용했다고 하는 이야기도 있단다. 하하.

근대기와 일제강점기의 금융

국채보상운동은 무슨 운동이에요?

1904년, 일본이 한국을 속국으로 삼기 위해 고문을 파견하고 내정간섭을 했단다. 그러면서 한국정부로 하여금 일본의 돈을 빌려쓰게 한 거야. 일본으로부터 빌린 돈이 많아지자 한국정부는 힘이 점점 약해졌지. 그 때 국민들의 힘으로 나라의 빚을 갚고 국권을 회복하기 위한 모금활동이 전국적으로 일어났어. 그것을 국채보상운동이라고 해. 남자들은 담배를 끊고 여자들은 반지와 비녀를 팔아서 돈을 모았다는구나. 1907년에 시작된 이 운동은 일본의 방해로 2년 만에 아쉽게 끝나고 말았지.

반지와 비녀를 파는 모형

국채보상운동 취지서

이 도자기 그릇도 저금통이래요!

그렇구나. 위쪽에 돈을 넣을 수 있도록 되어 있네. 부엌에 두던 작은 항아리도 쌀을 조금씩 모아두는 쌀 저금통으로 쓰였어. 일제강점기 때 일본 정부는 전쟁 자금 조달을 위해 우리나라 사람들의 저축을 아주 장려했다고 해. 그들은 당시의 중앙은행 격인 조선은행을 중심으로 조선식산은행과 동양척식주식회사, 금융조합 등을 설립해 일본을 위한 식민지 금융 지배 구조를 만들었단다.

| 도자기저금통 | 저축미호 | 저축장려홍보물 |

 저기 보이는 독립공채는 뭐죠? 독립운동 때 썼던 것인가요?

 맞아. 이 독립공채는 일제강점기 당시 중국 상하이에 있었던 대한민국 임시정부에서 발행한 채권이란다. 채권(債빚채 券문서권)이란 국가나 공공단체가 돈을 빌린 것에 대한 증거로 발행하는 것이야. 독립운동을 돕고 싶었던 국민들은 독립공채를 구입해서 임시정부에 자금을 보태어 줄 수 있었지. 공채증권의 액면금액은 1,000원, 500원, 100원의 세 가지였어. 독립공채는 국내 비밀행정조직을 통하여 모집되었는데 미국 하와이의 동포들이 많이 호응하여 대한민국 임시정부의 재정에 큰 보탬이 되었다고 하는구나.

 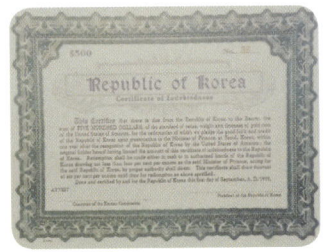

독립공채

해방이후의 금융

이곳은 해방이 되고 나서 은행들 이야기를 모아둔 곳인가 봐요!

그렇지. 일본이 물러가고 얼마 되지 않아 한국전쟁이 일어났음에도, 우리나라는 식민지경제와 전쟁의 혼란을 극복하고 독립국가에 맞게 금융정책의 개혁을 이루었단다. 중앙은행인 한국은행도 만들어지고, 1954년에는 은행법이 시행되어 은행이 민영화 되었으며, 일반은행과 특수은행들이 생겨났지.

일은권보관부본
해방 직후에 일본은행권으로 예금을 한 내용을 정리한 확인서

은행법 시행에 관한 건의서
1954년에 한국은행이 작성

1960, 1970년대는 정부 주도로 경제발전에 힘을 쏟았던 시대야. 그래서 경제발전을 위한 자금을 마련하기 위해 정부가 간섭을 많이 하는 금융정책이 이루어졌단다. 국민들에게는 저축이 장려된 것은 물론이고.

저축계몽 노래 선집

금융실명제는 뭐예요?

음. 말 그대로 금융거래를 할 때 본인의 실제 이름 즉, 실명으로 거래를 하는 것을 말하는데 금융거래를 투명하게 한다는 목적으로 1993년 8월부터 시행되었단다.

금융실명제 창구 안내표

자기 은행통장을 다른 사람 이름으로도 만들었나요? 이상해요.

화폐전시실로 가세요!

 이곳에서는 어떤 것을 볼 수 있나요?

 화폐전시실에는 물품 화폐부터 오늘날의 돈까지 차근차근 볼 수 있단다. 엽전이 어떻게 만들어지는지 어디 볼까? 쇠를 녹이고 거푸집에 부어 틀을 만들어 떼어내는 모습이 보이지? 틀에서 떼어내는 돈이 정말 나뭇잎처럼 생겼구나. 엽전(葉잎엽 錢돈전)이란 이름이 나온 까닭을 알겠지?

엽전을 만드는 과정

우리 속담에 '티끌 모아 태산'이라는 말이 있단다. 1원으로 지금 우리가 할 수 있는 일이 있을까? 아마 거의 없을 거야. 그래도 1원짜리 동전이 모이면 큰돈이 될 수 있단다. 여기 쌓여 있는 1원짜리 동전은 모두 1백만 개라는 구나. 이 동전탑이 자그마치 1백만 원! 놀랍지?

1원짜리 동전으로 모은 1백만 원

돈에 있는 우리 문화

각 나라의 돈을 보면 그 나라의 문화도 알 수 있단다. '어린왕자'가 그려진 돈도 있는데, 어느 나라일까?

다보탑	퇴계 이황	퇴계 생존시 서당주변의 풍경을 그린 겸재정선의 '계상정거도'
벼	율곡 이이	신사임당의 '초충도'
이순신		
학	세종대왕	혼천의

오늘은 여기까지. 어때? 옛날 은행이나 오늘날 은행이나 생각해 보면 돈을 빌려 주고 갚고 하는 것이 비슷하지? 다음에 볼 박물관은 우리은행은행사박물관이야. 이곳에서는 은행의 모습이 어떻게 변해 왔는지, 오늘날 은행의 모습은 어떤지에 대해서 살펴볼 수 있단다. 두 박물관을 잘 본다면 은행에 대해서는 박사가 될 수 있을 거야.

우리은행 은행사 박물관

- 은행과 나, 저축으로 맺은 사이

우리은행은행사박물관은 2004년 7월에 문을 열었어. 근대은행으로 세워진 대한천일은행을 시작으로 하는 우리나라 은행 100여 년의 역사를 보여 주는 그야말로 은행역사박물관이야. 대한제국시기, 일제강점기, 광복, 그리고 한국전쟁, IMF에 이르기까지 사건이 많았던 지난 100여 년 동안의 은행이야기를 잘 정리해 놓았단다.

오늘 우리는 우리가 알고 있는 전통금융의 모습과 우리나라 은행의 초기 모습을 살펴 볼 거야. 그리고 우리나라 경제발전에 은행이 어떤 역할을 해 왔는지 차근차근 보려고 해. 마지막으로, 경제활동에서 없어서는 안 되는 저축의 중요성을 세계 여러 나라 저금통을 보면서 느껴 보자꾸나.

전시장

- 은행역사관
- 홍보관
- 저금통테마파크
- 우리갤러리

우린 이렇게 봐요

- 은행역사관 : 근대은행의 출현 → 일제강점기의 은행 → 격변기의 은행
  → 경제개발기 및 금융변혁기의 은행
- 홍보관
- 저금통갤러리

관람정보

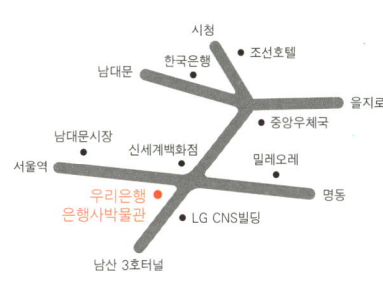

관람시간	10:00~18:00
휴 관 일	일요일, 법정공휴일, 근로자의 날
입 장 료	무료
문　　의	02.2002.5090
주　　소	서울 중구 소공로 51 우리은행 본점 지하 1층
홈페이지	http://woorimuseum.com
교　　통	지하철 : 4호선 회현역 1번 출구
	버스 : 남대문시장, 신세계 앞 하차

은행역사관으로 가세요!

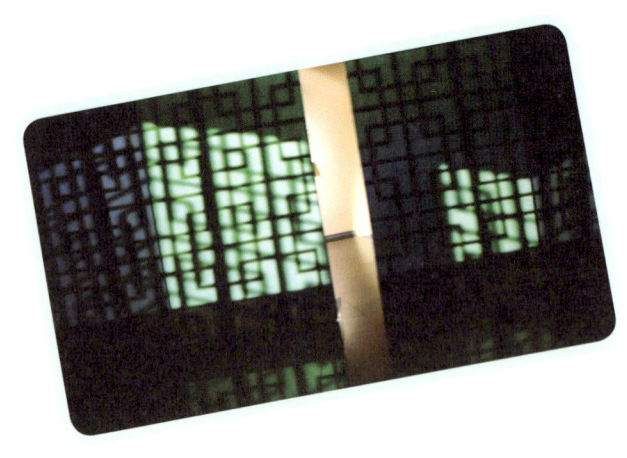

근대은행의 출현

 이곳은 입구가 멋있어요. 마치 타임머신을 타고 가는 기분이에요.

 그래. 지금으로부터 약 100년 전 쯤의 오늘로 가 보는 거야. 과거로 들어가는 문이 열리네. 들어가 볼까?

 시장 그림이네요. 한국상업사박물관에서 봤던 시장 모형을 그림으로 보는 것 같아요.

 이 그림은 조선 후기의 시장의 모습을 오늘날의 작가가 그린 거야. 시장의 모습은 한국상업사박물관, 서울역사박물관, 농업박물관에서 많이 보았지? 그만큼 시장은 경제를 보는 데에서 빼놓을 수 없단다. 많은 사람들이 오가고, 그 안에서 수많은 물자들이 거래되면서 경제가 발달해 왔던 것이지. 어디 한번 시장을 구경해 볼까?

시장도 (이서지 그림)

'시장도'에서 숨은 그림 찾기

감 파는 아저씨, 엿장수, 굴비를 든 아주머니, 그릇 파는 가게, 쌀 파는 가게에서 쓰는 됫박, 시장 구경하는 강아지

활동

한국금융사박물관에서 보았던 유물들이 이곳에도 있어요.

그래. 이곳은 은행의 역사를 전시하는 곳이잖아. 그러니까 근대은행이 생기기 전에 우리 조상들의 금융거래에 대해서 보여 주는 거야.

임진왜란이 끝나고 조선사회는 많은 변화가 있었다는 것 알고 있지? 다시 한 번 들어 볼래? 경제에는 특히 더 큰 변화가 있었는데 상품거래가 활발해지면서 곳곳에 시장이 만들어지고 상평통보라는 화폐가 만들어져 전국적으로 유통되기 시작했잖아. 또 상인들 사이에서는 서로 약속을 정해서, 가지고 다니기 편한 어음을 화폐 대신 사용했지. 이런 분위기 속에서 돈을 버는 상인들도 많이 생겨나게 되었어. 돈을 빌려 주고 이자를 받는 거래도 생겨났는데 계나 전당포를 이용해서 돈을 구하기도 하고 개성 상인들 사이에서는 시변이라는 방법이 이용되기도 했어. 또 객주나 여각에서도 자금이 필요한 상인들에게 자금을 구해 주기도 했지. 은행이 없을 뿐이지 지금 은행이 하고 있는 일들을 여러 가지 방법을 통해 해결하였단다. 근대적 금융제도가 싹트고 있었던 거야.

계

전당포

송도사개치부법이 이곳에도 있어요!

그래, 한국금융사박물관에서 일기책 보았잖아. 자세히 보면 독특한 부호가 사용되고 있는데 계산과 기록을 편리하게 하도록 하기 위한 것이야. 이 장부정리법은 우리 자본으로 설립된 최초의 은행인 대한천일은행에서도 사용되었단다.

어려운 말 풀이, 하나!

어음

종이 가운데에 금액을 적고 발행한 날짜, 주소, 이름 등 서로 약속된 거래 내용을 적어 수결이나 도장을 찍고 반으로 나눈 것을 어음이라고 해. 왼쪽은 어음을 발행한 사람이 갖고 오른쪽은 상대방이 갖고 있었어. 화폐 대신 사용하는 일종의 신용화폐인데, 조선 후기 상인들 사이에 널리 이용되었단다. 돈을 지급하기로 한 날, 반쪽씩을 서로 붙여 맞추어 보고 돈을 지불했어. 이런 어음 거래는 지금도 이루어지고 있단다.

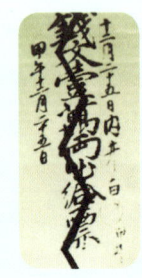

시변

개성상인들 사이에서 담보 없이 돈을 빌리던 방법이야. 돈을 빨리 갚을수록 이자율이 적어졌어. 오늘날에도 이 계산법이 사용되고 있다니 놀랍지?

서양식 장부정리법이 들어오기 이전에도 송도사개치부법으로 은행의 운영을 원활하게 할 수 있었던 것이지. 고려시대에 개성상인들이 창안한 우리 고유의 장부정리방법이 근대의 은행에서도 쓰일 수 있었다는 점과 그곳이 대한천일은행이라는 점이 왠지 가슴 뿌듯해지지 않니?

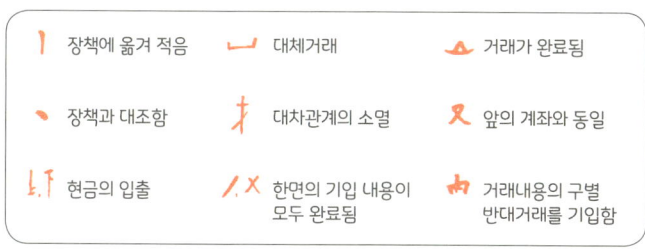

송도사개치부의 부호와 용어

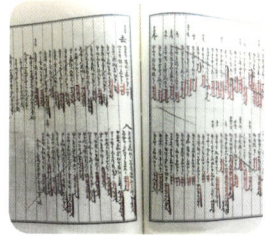

송도사개치부법이 쓰인 대한천일은행 장책

 대한천일은행은 어떤 은행이에요?

 외국은행이 들어오자 이를 걱정하는 사람들의 모습을 담은 모형을 보면서 알아볼까? 1876년 강화도조약 이후에 개항이 시작되면서 우리나라에는 외국계 은행들이 속속 진출하였다고 했잖아. 당시 우리나라에 만들어진 최초의 은행은 1878년에 일본이 세운 일본 제일은행 부산지점이었어. 이후에 부산, 원산, 인천 등과 서울에 외국계 은행의 지점이 많이 설립되면서 조선 금융의 기초를 흔들어 놓았단다. 이에 우리나라 자본으로 조선은행, 한성은행, 대한은행, 대한천일은행이 설립되었지만 한성은행(신한은행)과 대한천일은행만(우리은행)이 오늘날까지 맥을 이어오고 있단다.

외국은행이 들어오는 것을 염려하는 상인들의 모습

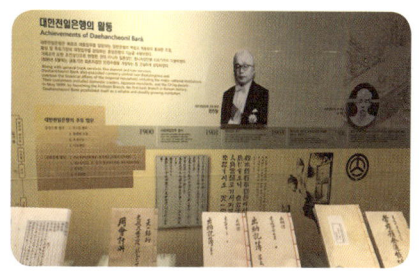

대한천일은행 관련 전시관

대한천일은행은 이렇게 외국은행이 경제침략을 계속해 오자 국내 상인들의 노력으로 1899년에 설립된 은행이란다. 창립 때 조선인만이 주식을 매매할 수 있다는 규정을 만들어 우리 민족의 자본을 키우기 위해 노력했던 은행이지. 은행 이름을 대한천일은행이라고 지은 것도 당시 일본 제일은행에 비교해서 하늘 아래 첫 번째 은행이라는 의미로 지었다고 해. 그리고 은행경영진들도 정부관리를 영입했는데 나중에는 영친왕이 은행장이 되기도 했단다.

일제강점기

그랬군요. 결국 일본의 식민지가 되죠? 은행들도 마찬가지고요. 이 모형은 일제시대 거리를 만들어 놓은 것이라고 하네요.

맞아. 1930년대 명동, 을지로 일대의 은행가란다. 하얀 벽돌 기둥으로 된 건물이 당시의 대한천일은행이야. 아직까지도 이 거리에는 금융기관의 본점들이 모여 있단다. 일본식민지 시대의 은행은 조선총독부의 지배 아래 있었기 때문에 겉모습은 갖추었지만 실제 조선의 경제는 일본의 이익을 위해 돌아갈 수밖에 없었단다. 70년 전 당시 은행 거리를 본 소감이 어때?

식민지시대 은행가

식민지시대의 은행가를 알아보자.
버튼을 누르면 당시 은행의 위치를 알아볼 수 있단다.

 속상해요. 해방이 되고 나서는 어떻게 되었어요?

 1945년 드디어 일본으로부터 해방되었지. 해방의 기쁨도 잠시, 남북으로 나뉘어 서로 다른 정부가 세워지고 1950년에는 한국전쟁이 벌어졌어. 정부수립과 함께 자리잡아 가던 은행에도 큰 혼란이 왔지. 전쟁 중에서도 은행에 끝까지 남아 피난민들에게 예금을 지급했던 한 은행원의 가슴 뭉클한 이야기를 비디오로 볼 수 있단다.

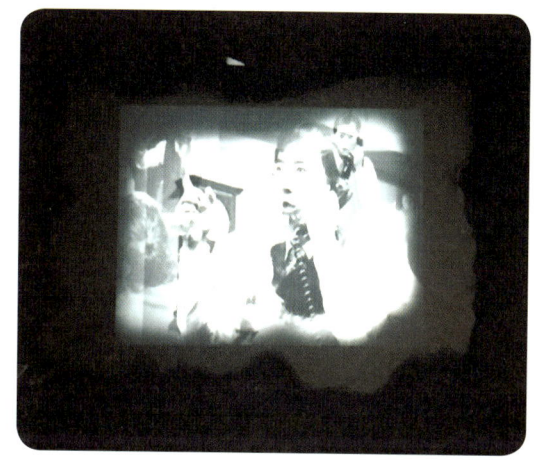

비디오로 보는 전쟁 중의 은행원 이야기

여기서 잠깐! 우리나라 은행의 초간단 역사 알아보기

우리나라에 최초의 근대 은행은 일본 제일은행 부산지점(1878년 개설)이야. 은행은 크게 은행의 중심 역할을 하는 중앙은행과 일반은행, 특수은행으로 나누어서 볼 수 있어.

중앙은행은 일제강점기 때에 조선은행이 업무를 맡았다가 8·15광복과 함께 한국은행이 중앙은행의 역할을 다하고 있단다.

일반은행은 1897년에 설립된 민족은행인 한성은행이 처음이며 그 후 대한천일은행이 만들어졌지. 이후 수많은 변화를 거치면서 현재는 우리은행, SC제일은행, 신한은행, 하나은행 등의 전국은행이 있어. 지방은행으로는 부산은행, 대구은행, 경남은행, 전북은행, 제주은행, 광주은행 등이 있고 씨티은행과 같은 외국 은행 국내지점도 은행 업무를 하고 있지.

특수은행으로는 1918년에 발족한 조선식산은행(산업은행의 전신)이 최초의 것인데, 현재는 산업은행, 기업은행, 국민은행 등이 각기 특수 분야의 금융 업무를 취급하고 있단다.

경제개발기, 금융변혁기

'통장들이 아주 많아요! 좀 옛날 것 같긴 하지만.

그래. 한국전쟁이 끝나고 우리나라는 전쟁으로 부서진 집과 공장, 학교들을 복구해 나갔어. 무엇보다도 나라가 부강해지도록 온 국민들은 허리띠를 졸라매고 열심히 일을 했단다. 1960년대와 70년대의 은행들도 우리나라 경제개발에 큰 역할을 했지. 특수은행이 만들어지고 기업에 자금이 원활하게 들어갈 수 있도록 했거든.

이때 가장 중요하게 생각되었던 것이 바로 저축이었어. 경제가 발전하려면 투자가 이루어져야 하는데 이를 뒷받침하는 것이 저축이었기 때문이지. 그래서 은행들은 저축을 장려하기 위해 여러 가지 일들을 했단다. 어린이들에게는 저축의 중요성을 알리기 위해 어린이저축 코너도 따로 만들고 통장도 예쁘게 만들어 주기도 했어.

저축장려 홍보물과 통장(1960~70년대)

숙녀금고는 이름이 참 재미있어요. 숙녀들만 이용하는 곳이었나봐요?

1960년대쯤 되면 여자들도 집에만 있지 않고 경제활동을 하게 되는데 이런 사회적인 분위기를 은행에서 엿볼 수 있었던 것이 한국상업은행 종로지점에 개설되었던 숙녀금고야. 여성들만이 이용할 수 있던 코너였어. 당시 해외 유력 금융지에 실릴 정도로 주목을 받았다는데 시대변화에 따른 고객서비스의 하나라고 할 수 있겠지?

숙녀금고

온 국민이 참여하는 금 모으기 운동을 왜 했나요?

1970년대를 거쳐 80년대에 우리나라는 경제적으로 많은 발전을 이룩했어. 그런데 1990년대에 들어서서 인플레이션이 계속되자 도산하는, 쉽게 말하면 망하는 기업이 많아져 은행과 같은 금융 산업이 부실화되면서 1997년에 흔히들 IMF라고 말하는 외환위기를 맞았단다. 경제위기가 온 거야. 그래서 국민들은 "장롱 속에 잠들어 있는 금을 모아 나라를 구하자"라면서 금 모으기 운동을 벌인 것이지.

IMF와 금 모으기 운동

경제퍼즐놀이 코너

여기 재미있는 퍼즐놀이가 있어요. 어떻게 하는 거죠?

'7,500원으로 친구생일 선물 사기', '6,000원으로 장난감 자동차 사기', '20,000원으로 갖고 싶은 책 두 권 사기'라고 되어 있잖아? 우선 가지고 있는 돈이 없으니까 필요한 물건을 사려면 용돈을 벌어야 하지 않겠어? 모은 용돈을 가지고 거기에 맞게 물건을 살 수 있도록 퍼즐을 맞추면 돼. 수입(+)과 지출(−)을 맞추어야 하니까 잘 해 보렴.

퍼즐놀이로 알아보는 수입과 지출

123

홍보관으로 가세요!

 은행창구가 많이 변했어요. 맞아. 엄마는 요즘 거의 은행을 안 가시죠? 인터넷으로 세금도 내고 송금도 하잖아요.

 맞아. 엄마도 은행 일을 컴퓨터나 전화로도 본단다. 세상 많이 변한 거지? 전시장 바닥을 보렴. 은행의 초창기 시절에 사용되었던 통장들에서부터 오늘날 돈처럼 쓰이는 신용카드에 이르기까지 정말 다양하고 재미있는 것들이 많아.

은행에서 쓰였던 물건들

어려운 말 풀이, 둘!

외환위기
기업이나 금융기관이 경영을 잘 못해 망하거나 부실해지면 나라 안이나 나라 밖에서 적자를 면할 수 없겠지? 그렇게 되면 무역을 하는데 필요한 외화가 점점 모자라서 큰 어려움이 따르게 돼. 이런 상태를 외환위기라고 해. 국가의 신용도 떨어지게 되지. 우리나라는 1997년에 외환위기를 맞았는데 정부에서는 국제통화기금인 IMF에 도움을 요청했어. 그래서 IMF, IMF 하는 거야.

IMF(International Monetary Fund)
우리말로 '국제통화기금'이야. 세계무역의 안정을 목적으로 만들어졌어. 가입국에서 기금을 만들어 형편이 어려워진 나라에 돈을 빌려 주는 국제금융기구란다. 2016년까지 189개의 나라가 가입해 있어.

1930년대

1960년대

1980년대

2000년대

시대별 은행의 모습

과거의 은행 모습을 보면서 미래의 은행은 어떻게 변할까? 생각해 보자.

저금통갤러리로 가세요!

저금통갤러리는 아주 희귀한 저금통들과 저금통의 역사를 볼 수 있는 곳이야. 이 중에는 명품으로 불릴 만한 저금통들도 있는데, 기획전시실에서 자태를 뽐내고 있지.

1890년 경에 프랑스에서 만들어진 구두 모양의 저금통이야. 중세 유럽의 귀족 여인들이 즐겨 신던 구두 모양을 도자기를 이용해 저금통으로 만들 생각을 하다니 재미있지 않니? 하루 일과를 마치고 집에 돌아와 신을 벗고 그 날 쓰고 남은 동전들을 이 구두 저금통에 넣으면, 그 날 하루 수고한 신발에 보상을 하는 듯한 기분이 들 것 같아.

장식구두 저금통

뮤직박스 저금통

돈을 넣을 때마다 음악이 나오는 저금통이 있다면 자꾸자꾸 저금을 하고 싶겠지? 1920년에 프랑스에서 주석으로 만들어진 이 뮤직박스 저금통은 돈을 넣으면 음악이 흘러나오면서 위에 있는 굴뚝 청소부가 돌아가는 저금통이란다. 유럽 사람들은 굴뚝청소부를 행운의 상징으로 여겨, 지금까지도 아침에 그들과 마주치면 옷깃을 잡는 풍습이 있다고 해.

1870년대 오스트리아에서 만들어진 황금마차 저금통은 마차의 겉 표면이 금으로 도금되었고, 윗부분과 양쪽 네 바퀴에는 루비로 장식되어 있단다. 당시 최고 수준의 금속세공기술과 도금기술이 동원되었으며 프랑스 루브르박물관에서도 소장하고 있는 저금통이야.

황금마차 저금통

움집 저금통

1~3세기경, 고대 로마시대에 흙으로 만들어진 이 저금통은 움집과 여성의 가슴 모양을 형상화 했단다. 예술성과 상징성이 뛰어난 작품으로 인정받고 있는데, 입구가 조금 깨어져 안타깝게 보이지? 성전의 사제들이 돈을 꺼내기 위해 어쩔 수 없이 깬 것으로 보여.

1885년에 우리나라에서 구한말 신식화폐 발행을 기념하여 제작된 저금통이 있단다. 장수를 상징하는 거북 모양 저금통인데, 나무로 만들어졌어. 저금통 위쪽에 동전을 넣을 수 있는 구멍이 있고 아래쪽에는 돈을 꺼낼 수 있도록 덮개가 있으니, 깨지 않고 오래오래 쓸 수 있었겠지? 그야말로 장수할 수 있는 저금통이구나. 하하.

거북 저금통

인도에서 1900년에 구리로 만들어진 물고기 모양의 저금통이야. 인도에서는 물고기가 인간을 보호하는 영특한 존재로 여겨져 물고기 형태나 문양이 다양한 공예품에 쓰였다고 해.

물고기 저금통

1890년대 미국에서는 동전을 넣으면 움직이는 저금통이 유행했다고 하는구나. 어디 볼까? 동전을 주면 가방 안에 집어넣는 원숭이 저금통, 아기 개구리 앞다리에 동전을 올려놓으면 엄마개구리 입으로 옮겨지는 저금통, 노인이 고래에게 먹이를 주는 듯한 고래 저금통 등이 재미있어 보이지? 움직이는 모습을 한번 보면 자꾸자꾸 저금을 하고 싶어질 것만 같아.

이곳 저금통갤러리에서 저금통 찾아보기 놀이를 해 볼까?
재미있는 저금통이 많이 있지? 집 모양, 사람 모양, 동물 모양, 차 모양, 또 무슨 모양이 있나?

오늘 은행사박물관도 다 둘러보았네. 힘들었지? 근처에 남대문시장이 있는데 시장도 구경할 겸 맛있는 것도 사먹고 저금통도 하나 사 볼까? 군것질하는 것도 경제활동에 들어간다고 했었지? 다만 필요한 곳에, 자기의 수입에 알맞게 지출

을 해야 되다는 건 잊지 말고. 이제부터 용돈 아껴서 저금도 하고 말이야. 저금통이 다 차면 어떻게 하더라? 은행에 가져가서 통장에 예금하기. 숙제 한 가지 낼까? 은행에 가서 자기 이름으로 된 통장을 하나씩 만들어오기!

 매일 그런 숙제만 했으면 좋겠어요.

 우리 모두 '박물관이 들려주는 경제이야기'를 다 들었구나.

 아직은 경제에 대해 엄마 아빠만큼은 잘 알지 못해요. 하지만 돈이 어떻게 발달했는지, 은행이 왜 생겨났는지, 시장은 어떤 곳인지, 또 돈을 어떻게 써야 하는지에 대해서는 잘 알게 되었어요. 경제가 나하고 상관없는 것이 아니라는 것도요.

 그랬어? 훌륭한데!

 엄마, 저도 커다란 돼지 저금통 하나만 사주세요.~네?

돼지 저금통의 이야기를 찾아서

미국 캔자스주의 작은 마을에 채프먼 부부가 살고 있었어. 한번은 그의 아들 윌버가 자신에게 용돈을 준 탄넬 씨에게 다음과 같은 편지를 보냈단다.
"저희 마을에는 한센병 환자들이 많아요. 저는 아저씨가 준 3달러로 새끼 돼지를 사서 키우려고 합니다. 이 돼지를 팔아 한센병 환자 가족들을 도우려고 합니다."
소년은 열심히 돼지를 키웠지. 마을의 꼬마들도 관심을 갖고 함께 돼지를 키웠단다. 새끼 돼지 '페트'는 살이 포동포동 올랐어. 소년은 이듬해 돼지를 팔아 한센병 환자 가족을 도울 수 있었어.
그런데 이 사실이 한 신문에 소개되면서 많은 사람들이 돼지 저금통을 만들어 이웃을 돕기 시작한 거야. 이것이 최초의 돼지 저금통이란다. 그때부터 소년들은 군것질할 돈을 아껴 저금통에 넣었어. 그리고 이 돈을 한센병 환자를 돕는 데 사용했단다.
한 소년의 작은 사랑이 최초의 '돼지 저금통'을 만든 것이야.

아나와 바다의
윷놀이 경제 퀴즈

우리 가족은 이렇게 여섯 곳의 박물관을 한 군데씩 차례로 방문했답니다. 힘들기도 했지만 재미있었던 일도 많았지요. 놀이도 하고 숨은그림 찾기도 하고 슬렁슬렁 박물관 모형물 위를 걷기도 하고요. 그리고 저는 엄마 아빠가 마치 선생님같이 느껴졌어요. 이렇게 많은 것을 알고 계시다니! 여러분은 어땠나요? 박물관에서 경제이야기를 듣고 나서 저 아나와 동생 바다는 생활이 많이 달라졌어요. 뭐랄까? 경제적이 된 것이죠. 하하하.

조금씩 달라진 저희들의 생활을 이야기해 드릴게요. 우선, 동생과 저는 용돈을 제대로 받기로 했지요. 그동안은 정해진 날짜에 받기보다는 필요할 때 받는 편이었거든요. 그리고 한 달 동안 사용한 용돈의 쓰임을 적고 꼭 필요한 곳에 썼는지 엄마 아빠하고 이야기 해 보기로 했어요. 소비도 중요하다고 했잖아요?
또, 제 미래를 위해서 저축도 하기로 했어요. 이자가 붙는 예금통장을 만들어서 용돈의 1/5을 저금하기로 했답니다.

엄마도 느낀 게 많으셨나 봐요. '아름다운 가게' 아세요? 그곳에서 자원봉사 하시기로 하셨대요. 지금 내게 필요 없는 물건을 아름다운 가게에 기증하면 그 물건을 필요한 사람에게 팔아서 얻는 수익금으로 어려운 사람을 돕는답니다. 재활용도 하고 누군가를 돕기도 하고, 참 좋은 일인 것 같아요. 엄마가 자원봉사를 하신다고 하니, 할아버지와 아빠도 뭔가 남을 위해 도움이 될 만한 것을 찾아보시기로 했답니다.

"할아버지. 제가 빵을 한 개 사먹으려고 해도 밀가루를 생산하는 농부가 있어야 되고, 밀가루를 운반해 주는 운전기사 아저씨의 수고가 있어야 돼요. 밀가루만 필요한가요? 설탕도 있어야 하고 잼도 있어야 하고 또 빵을 만드는 사람도 있어야 해요. 빵을 파는 사람도 있어야 하구요. 이렇게 모두 모두 힘을 합해야 빵을 먹을 수 있으니 서로 나누어 쓰고 도와야 될 것 같아요."
모두 일제히 소리쳤답니다.
"와우!"

이번 박물관 여행에서 참 좋았던 점을 하나 더 이야기하면, 엄마 아빠와 함께 도서관과 서점나들이를 하면서 자료를 찾아보았던 것입니다. 그리고 우리는 박물관에서 할 수 있는 멋진 활동지도 함께 만들었어요. 박물관을 보기만 하고 그냥 나오는 것보다 활동지를 가지고 보니 훨씬 더 박물관이 재미있었어요.
아, 그리고 박물관에서 돌아온 후에 우리 가족이 한 일이 또 있어요. 기억력 테스트죠. 윷놀이를 하면서 퀴즈대회를 좀 했어요. 여러분도 해 보세요. 재미있답니다.

윷놀이 퀴즈대회!

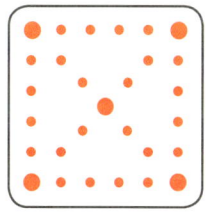

준비물 : 윷(혹은 주사위), 말, 말판

놀이 방법은,
1 모둠을 만들어 말을 정하고 한사람씩 섞어 앉는다.
2 윷을 던진다. (윷 대신 주사위를 써도 좋다)
3 상대방이 문제은행에서 뽑아서 문제를 낸다.
4 문제를 맞히면 윷을 던진 만큼 말을 움직인다.
   (이때 맞추지 못하면 다음 사람으로 차례가 넘어간다.)
5 말이 도착지점까지 갈 때까지 문제를 푼다.
6 모든 말이 도착지점에 먼저 들어오는 모둠이 이긴다.

 문제 은행 금고를 엽니다.

❶ 문제은행의 문제를 복사합니다. → ❷ 질문을 하나씩 칼로 자릅니다.
→ ❸ 컵과 같은 통에 문제를 담습니다. → ❹ 한 문제씩 뽑아서 상대방에게 문제를 냅니다.

한국은행화폐금융박물관

1. 물품 화폐로 사용했던 물건이 아닌 것은? (나뭇가지)
   조개껍질, 화살촉, 은병, 옷감, 소금, 보리쌀, 나뭇가지

2. 금속 화폐보다 먼저 만들어진 돈이 종이 화폐다. 맞으면 O, 틀리면 X (☹)

3. 고려시대 때 사용된 것으로 은 1근으로 우리나라의 지형을 본 따서 만든 병 모양의 돈의 이름은? 은병이다? 금병이다? 어느 것이 맞을까? (은병)

4. 우리나라 화폐사상 전국적으로 사용된 최초의 화폐는 상평통보이다.
   맞으면 O, 틀리면 X (☺)

5. 상평통보의 모양 중 가운데 네모는 땅을 뜻한다. 그러면 밖의 원은 무엇을 뜻하는가? (하늘)

6. 우리나라의 돈을 발행하는 곳은 어디인가? (한국은행)

7. 우리나라의 돈을 만드는 곳은 어디인가? (한국조폐공사)

8. 우리나라 지폐 중 천원 권에는 율곡 이이의 초상화가 있다.
    맞으면 O, 틀리면 X (☹)

9. 시중에 돈이 많아져서 물가가 계속 오르는 현상은? (인플레이션)

10. 한국은행은 중앙은행이다. 맞으면 O, 틀리면 X (☺)

11. 상평통보는 만들 때 나뭇가지에 매달린 잎사귀 같다 하여 엽전이라고도 불렸다. 맞으면 O, 틀리면 X (☺)

12. 일반은행에서 돈이 모자라면 어디로 가서 빌릴 수 있을까? (한국은행)

신세계한국상업사박물관

1. 경주 시전 모형에 보면 시장에 가는 사람은 누구였고, 무엇을 들고 다녔나?
    (여자, 쌀, 됫박)

2. 고려시대 노래 중에 쌍화점이 나오는 노래가 있는데 이것으로 보아 일본과 교역을 했다. 맞으면 O 틀리면 X (☹)

3. 고려시대 유명한 무역항의 이름은? 배가 얼마나 많은지 마치 숲을 이룬 것과 같다고 했다. (벽란도)

4. 코리아란 말은 고려 때 아라비아 상인들이 고려를 부르는 말에서 비롯되었다. 맞으면 O 틀리면 X (☺)

5. 조선후기에 들어오면서 세금을 쌀로 내는 제도가 만들어져 경제에 큰 변화를 가져왔는데 이 법의 이름은? (대동법)

6. 옛날 시장에서는 물건을 사고 팔 수 있었을 뿐만 아니라 세상 돌아가는 이야기도 들을 수 있었고 재미있는 구경거리와 놀이가 많았다. 맞으면 O 틀리면 X (😊)

7. 보부상 가운데 부상은 봇짐장수로 작고 비싼 물건을 취급하였다.
맞으면 O 틀리면 X (😞)

8. 보부상들이 물건을 묶을 때 쓰던 끈과 끈을 조정할 때 풀어지지 않게 조이는 도구가 있다. 이 물건의 이름은 무엇? (박다위, 조이개)

9. 일제 강점기 때에 일본은 우리나라 사람들의 자유로운 상업 활동을 허락했다. 맞으면 O 틀리면 X (😞)

10. 도량형이라는 말은 도는 길이 또는 길이를 재는 자, 량은 부피나 부피를 재는 되를 말하고 형은 무게나 무게를 재는 저울을 의미한다.
맞으면 O 틀리면 X (😊)

서울역사박물관

1. 시전에서 나라에 세금을 내고 장사를 하던 상인을 시전상인이라 한다. 그중에서 규모도 크고 세금을 많이 내는 6개 가게를 무엇이라 했나? (육의전)

2. 시전이 자리 잡고 있던 곳은 사람들이 구름 떼처럼 모여 들었다고 해서 운종가라 했으며 지금의 보신각 부분을 말한다. 맞으면 O 틀리면 X (☺)

3. 운종가에는 말이나 마차를 피해 다니던 지름길이 있었다. 이 길을 뭐라 부르나? (피맛길)

4. 종이를 팔던 곳을 지전이라 한다. 맞으면 O 틀리면 X (☺)

5. 생선과 건어물을 팔던 곳을 모전이라 한다. 맞으면 O 틀리면 X (☹)

6. 지금의 남대문 부근의 시장을 칠패시장이라고 했다.
맞으면 O 틀리면 X (☺)

7. 이현시장은 주로 새벽에 채소류를 많이 팔았다. 맞으면 O 틀리면 X (☺)

8. 한강의 옛 이름인 경강에서 장사를 하던 사람을 무슨 상인이라 했나? (경강상인)

9. 옛날 마포에는 나루터가 있었다. 지금은 나루터는 없어지고 다리가 지나가는데 무슨 다리일까? (마포대교)

농업박물관

1. 신석기시대 사람들이 살았던 움집을 보면 한곳에 정착해 농사를 짓고 살았음을 알 수 있다. 맞으면 O 틀리면 X (☺)

2. 신석기시대 사용되었던 토기로 겉에 빗금무늬가 있는 그릇의 이름은?
   (빗살무늬토기)

3. 청동기시대에 벌써 따비와 괭이가 사용되었다. 맞으면 O 틀리면 X (😊)

4. 청동기시대니까 농기구를 청동으로 만들어 썼다. 맞으면 O 틀리면 X (😞)

5. 백제에선 이미 330년에 아주 큰 저수지를 만들어서 농사짓는 데 이용했다.
   이 저수지의 이름은? (벽골제)

6. 삼국시대에 저수지가 만들어진 것으로 보아 벼농사가 시작되었음을 알 수 있다. 맞으면 O 틀리면 X (😊)

7. 소가 농사에 이용된 것은 신라시대이다. 소에 이것을 매달아 밭을 갈면 몇 사람의 일꾼이 하는 만큼의 일을 많이 했다. 이것의 이름은? (쟁기)

8. 조선시대 개발된 벼 재배법으로 논에 직접 씨를 뿌리지 않고 싹을 틔워 논에 옮겨 심은 이 방법은? (모내기-이앙법)

9. 조선시대에도 온실이 있었다. 온실의 온도를 높이는 방법으로 사용된, 우리나라 전통의 방바닥을 덥히는 방법은? (온돌)

10. 농촌에서 농사일을 공동으로 하기 위해 마을마다 둔 모임은? (두레)

11. 옛날의 시장은 매일 열려서 언제나 물건을 사기 쉬웠다.
    맞으면 O 틀리면 X (😖)

한국금융사박물관

1. 나라에 흉년이 들면 백성들에게 곡식을 빌려 주고 가을 추수 때 갚게 하는 제도로 고구려 때 실시했다고 한다. 이것은? (진대법)

2. 허여성문이라고 하는 개인의 재산문서에 논과 밭을 자식들에게 골고루 나누어 준다는 내용을 쓰고 손바닥을 대고 그려 넣었다. 여기서 손그림은 지금의 무슨 역할을 대신하는 걸까? (도장이나 사인)

3. 조선시대에 돈을 빌린 액수와 갚기로 한 날짜 등을 적어서 빌려 주는 사람과 갚을 사람이 똑같이 서명하고 반 씩 잘라서 나누어 갖는 것을 무엇이라 하나? (어음)

4. 개성상인들이 썼던 장부정리책을 송도사개치부일기라고 한다.
   맞으면 O, 틀리면 X (😊)

5. 돈이 부족할 때 귀중품을 맡기고 돈을 빌려 쓰던 곳인데, 정말 급할 때는 사람을 맡기기도 했던 곳은 어디일까? (전당포)

6. 객주는 물품을 사고파는 일과 상인들에게 자금을 빌려 주기도 했다.
   맞으면 O, 틀리면 X (😊)

7. 우리 조상들이 계산할 때 썼던 빼빼로 과자처럼 생긴 셈 도구의 이름은?
   (산가지)

8. 근대은행으로 설립된 한성은행은 그 맥이 끊어져 버렸다.
   맞으면 O, 틀리면 X (😞)

우리은행은행사박물관

1. 대한천일은행은 초기에 개성상인의 장부기록법인 송도사개치부법으로 장부를 정리하였다. 맞으면 O, 틀리면 X (😊)

2. 우리나라에 제일 처음 생긴 근대은행은 우리 자본으로 세운 부산의 제일은행이다. 맞으면 O, 틀리면 X (☹)

3. 대한천일은행은 조선사람만 주식을 사고팔 수 있게 한 것이 아니라 규모를 크게 하기 위해 일본인들도 매매할 수 있게 하였다.
맞으면 O, 틀리면 X (☹)

4. 일제시대에 일본은 우리나라의 경제발전을 돕기 위해 조선식산은행과 같은 특수은행을 만들었다. 맞으면 O, 틀리면 X (☹)

5. 1960년대 서울의 한 복판에 등장한 은행이 있는데 숙녀들만 이용할 수 있다고 해서 이름이 붙여진 곳은? (숙녀금고)

6. 1990년대 말 외환위기를 극복하려고 온 국민이 이것을 모으는 운동을 벌였는데 무엇을 모으는 운동이었나? (금)

7. 한 소년의 작은 사랑의 시작으로 새끼 돼지가 이것으로 만들어졌답니다. 이것은 무엇일까요? (돼지 저금통)

박물관이 들려주는
경제 이야기

현장활동지

1 한국은행화폐금융박물관

2 한국상업사박물관

3 서울역사박물관

4 농업박물관

5 한국금융사박물관

6 우리은행은행사박물관

01 한국은행 화폐금융박물관 활동

'탐험대 임무를 수행하라!'

 한국은행화폐금융박물관은 짝을 지어 모둠활동을 하기에 좋답니다. 친구들과 함께 박물관을 탐험해 보세요. 탐험대원이 되어 보는 것이지요. 자, 탐험대가 수행해야 할 임무를 어디 볼까요? 만일 혼자 갔다면 4개조의 임무를 돌아가면서 완수해 보는 것도 좋을 거예요.

한국 조

1. '돈'의 일생을 추적하시오.

2. 고조선 때에 철전이 사용되었다는 기록이 있는 책을 찾아보시오.

3. 1,000원 지폐의 도안과 무늬를 확인하시오.

4. 우리 조만의 질문 2개를 만드시오.

화폐 조

1. '돈'이 생겨나기 전에는 어떻게 경제활동을 했는지 알아보시오.

2. 물가 조절이 왜 중요한지 조사, 보고하시오.

3. 5,000원 지폐의 도안과 무늬를 확인하시오.

4. 우리 조만의 문제를 만들어, 보고하시오.

금융 조

1. 위조방지를 위한 장치를 찾아 보고하시오. (5,000원 지폐를 예로 하라!)

2. 1960년 이후 우리나라 지폐에 가장 많이 등장한 인물을 조사하시오.

3. 10,000원 지폐의 도안과 무늬를 확인하시오.

4. 우리 조만의 문제를 만들어, 보고하시오.

박물관 조

1. 긴급명령, 시중에 돈이 많아지면 어떤 일이 일어나는지 조사해 보시오.

2. 이런 것도 돈? 조선시대 별전을 찾아보시오.

3. 500원, 100원, 10원 동전의 무늬를 확인하시오.

4. 우리 조만의 문제를 만들어 보고하시오.

02 신세계한국상업사 박물관 활동

신세계한국상업사박물관에서는 장터놀이를 해 보세요. 경주시전과 조선시대 장터, 보부상을 자세히 봤다면 잘 할 수 있을 거예요. 친구들과 물물교환을 해도 좋고 가격을 매겨 가게를 열어 놓고 판매를 해도 재미있겠지요?

〈한국상업사실〉로 가세요.

시장의 기원, 삼국시대 상업활동

★ 자세히 찾아보기-1

1. 삼한시대의 시장 형태는 4종류의 시장이 있었습니다. 어떤 시장이 있었는지 찾아볼까요?

2. 경주시전 모형을 자세히 보세요. 시장에 출입하는 사람은 누구인가요? 사람들이 꼭 챙겨 들고 있는 것은 무엇입니까?

3. 신라의 경주에서 시전이 처음 열리게 된 것은 490년이라고 합니다. 어느 왕 때일까요?

4. 장보고(?~846)가 중국, 일본과 교역할 때 사용하던 무역선으로 두 개의 돛만을 이용해 중국과 일본을 왕래했다고 하지요. 신라의 조선술과 항해술이 얼마나 뛰어났는지를 보여주는 이 배의 이름을 알아보세요.

고려시대의 상업 활동

★ 고려시대 상인이 되어 무역에 나서다!!

1. 고려 상인인 나는 국제 무역항인 이곳에 왔습니다. 정박해 있는 배의 돛이 숲을 이루고 있다고 하더니 정말 많이 붐비는 군요. 외국 상인들도 많이 보이구요. 오늘은 아라비아 상인과 인삼과 향료를 거래하기로 약속했습니다. 내가 지금 서 있는 이곳은 어디일까요?

2. '코리아'라는 우리나라 명칭이 만들어진 유래에 대해서 한번 알아볼까요?

3. 다음은 시대별 수출입 품목이랍니다. 이 시대에는 어떤 물품들이 오고 갔는지 알아볼까요? 분류표를 만들어 봅시다.

	수입품	수출품
삼국시대		
고려시대		

조선시대의 상업 활동

★ 시장 보러 가요.

돌아오는 가을엔 내 동생 쌍둥이들의 돌잔치가 있답니다. 엄마는 벌써부터 바쁘세요. 봇짐장수, 등짐장수, 시장에서 이것저것 돌잔치에 필요한 물건을 사셨지요. 여러분도 엄마가 되어 잔치준비를 해 볼까요? 장바구니에 쌍둥이 동생 돌잔치를 하기 위해 엄마가 사셨을 물건을 그려 보세요.

★ 자세히 찾아보기-2

1. 조선시대 지방 장시에 다니던 보상이 취급하기 어려웠던 것은 어떤 것일까요?
   ① 금   ② 감   ③ 장신구   ④ 밥상

2. 보부상들이 물건을 묶을 때 쓰던 끈과 끈이 풀어지지 않게 조이는 도구랍니다. 이것의 이름은 무엇일까요?

3. 보부상들이 지켜야 할 규칙들이 있었지요? 모임에서 빈정대며 웃거나 잡담을 하면 어떻게 되었을까요? 또, 질병에 걸린 친구를 돌보지 않으면 어떻게 했는지 찾아보세요.

개항기와 일제 강점기의 상업 활동

★ 간판 바꾸기

수남상회 간판을 현대식으로 바꿔봅시다.

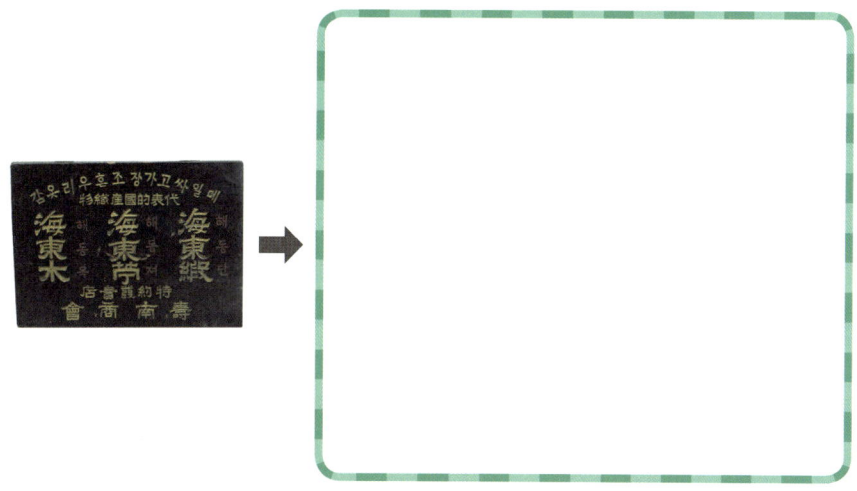

운반수단과 도량형

★ 자세히 찾아보기-3

전시장에 있는 도량형 도구와 셈도구들을 찾아서 써 봅시다.

- 도 -

- 량 -

- 형 -

- 셈도구 -

〈유통산업사실〉로 가세요.

인기 선물

★ 인기 선물 인터뷰

세월이 흐르면서 인기 있는 선물들도 참 많이 변했어요. 요즘의 인기 선물은 어떤 것들이 있을까요? 받고 싶은 선물에 대해 가족들에게 인터뷰를 해 보세요. 내가 받고 싶은 선물을 적어보는 것도 좋아요.

★ 신문 광고 만들기

엄마 아빠 어렸을 적에 나온 신문광고를 보았나요? 그때 그 시절에는 최신의 광고였답니다. 하지만 지금 보니 어떤가요? 요즘 신문에서 보는 백화점 광고를 10년, 20년이 지난 후에 본다면 또 어떨까요? 나는 지금 백화점의 광고디자이너예요. 우리 백화점은 개점 30주년을 기념해서 아주 큰 행사들을 많이 기획하고 있답니다. 이런 내용들을 잘 생각해서 멋진 광고를 만들어 보세요.

03 서울역사박물관 활동

 서울역사박물관에서는 퀴즈놀이를 즐겨 보세요. 퀴즈를 하나씩 풀다보면 어느새 박물관 전시장을 다 둘러보게 될 것입니다.

Q 퀴즈 하나!

★ 시전 코너에서 다음 퀴즈를 풀어 봅시다.

1. 다음 중 조선시대 한양의 3대 시장이 아닌 것은 어디일까요?
   ① 칠패시장   ② 종루의 시전(운종가)   ③ 송파장   ④ 이현시장

2. 옆 사진에 보이는 한복은 비단으로 만들었지요. 국산 비단을 사려면 육의전에서는 어느 가게로 가야 했을까요?

3. 예쁜 여자의 가죽신은 어디로 가면 살 수 있었을까요?

4. 과일이 아주 맛있게 보이죠? 조선시대 종로 운종가에도 이런 과일을 파는 곳이 있었는데 어디일까요?

5. 조선시대 한양에서는 어느 시장에 가면 배추를 쉽게 살 수 있었을까요? 이 시장은 주로 새벽에 열렸다지요?

6. 맞는 것 끼리 연결해 봅시다.

갓을 팔던 가게 ●   ● 흑립전
종이를 팔던 가게 ●   ● 어물전
생선을 팔던 가게 ●   ● 지전
담배를 팔던 가게 ●   ● 연초전

Q 퀴즈 둘!!

★ 경강부임진도가 있는 전시장 안에는 당시의 시장이 재현되어 있습니다. 지금의 한강인 경강은 18세기 이후 한양의 상업 중심지가 되었지요. 전국에서 생산된 온갖 상품들이 바닷길을 따라 경강으로 모여들었고 모여든 물자들은 한양으로 들어갔어요. 자연스럽게 시장이 형성되면서 상인들이 모여들었고 객주나 여각이 속속 생겨났답니다.

1. 경강에는 나루터가 많았습니다. 나루터 이름을 생각나는 대로 적어 보세요.

2. 경강 전시물을 보면서 거래되었던 물건들을 찾아 보세요.

Q 퀴즈 셋!!

★ 경강에 있었던 옛 나루가 지금도 다리 이름이나 동네 이름으로 남아 있는 곳이 있습니다. 이제부터 다리 이름과 나루터를 찾아 볼까요?

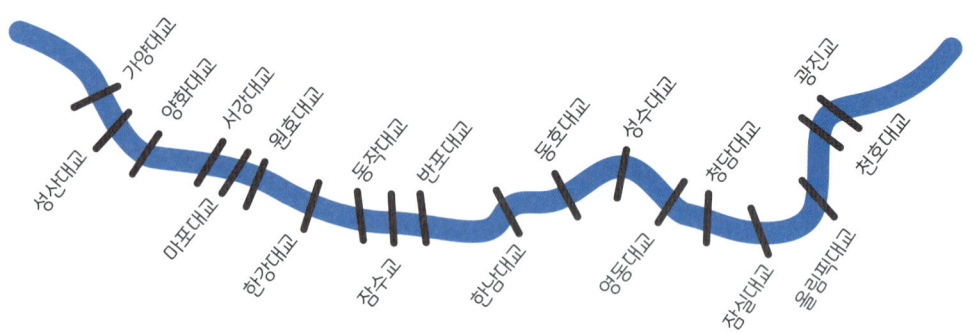

04 농업박물관 활동

 **그때 내 친구는 무엇을 했을까?**

농업박물관에서는 원시시대에서부터 오늘날에 이르기까지의 기나긴 농경의 역사를 보았어요. 이 기나긴 역사를 이야기로 만들어보면 어떨까요? 옛날에도, 또 더 옛날에도 늘 어린이들은 있었잖아요. 오늘날을 사는 어린이 여러분은 학교 다니면서 공부하기 바쁜 생활을 하지만 옛날 그때의 어린이들은 어떤 생활을 했을까요?

타임머신을 타고 과거로 가 볼까요? 주어진 이야기에는 그 당시를 살았던 친구의 생활 일부가 담겨져 있답니다. 시대적인 배경을 생각하면서 이야기를 끝까지 완성해 보세요. 만화나 그림으로 이야기를 이어가도 좋아요.

★ 초기농경시대를 살았던 내 친구 돌바우의 하루 중 아침입니다. 어떻게 하루를 보내야 할지 친구들이 대신해서 이야기 해 주세요.

바윗골에 사는 내 이름은 돌바우야. 내가 살고 있는 집은 움집인데, 지난 가을에 새로 지었지. 오늘 우리 마을에서는 어른들의 모임이 있어. 며칠 있으면 우리 누나가 아차산 너머에 있는 물고랑 마을로 시집을 가거든. 그래서 잔칫날 쓸 멧돼지를 잡으러 가기로 하셨나 봐. 큰 짐승을 사냥할 때는 어른들이 모여서 작전을 짠 뒤 나가시곤 해.
엄마는 아침 준비를 하고 계셔. 오늘 아침에 뭘 먹을 건지 가르쳐 줄까? 도토리죽을 먹을 거야. 도토리죽이 맛있냐고? 글쎄? 며칠 전에 엄마랑 나는 흙으로 그릇을 만들었단다. 사실 내가 한 부분은 다 만들어진 그릇에 빗금을 그려 넣는 것뿐이었지만 말이야. 그런데 엄마 마음에 쏙 드시나 봐. 어제 누나가 주어온 도토리를 가득 담아 놓으셨어. 너희들이 '빗살무늬토기'라고 부르는 그 그릇말이야.

난 아빠를 따라서 사냥을 가게 될 것 같아. 동네 친구인 둠바랑 두비도 같이 간다고 했거든. 오늘 우리가 사냥을 가서 어떤 것들을 잡아 올 수 있을지, 어떤 작전을 써야 할지, 또 어떤 도구들을 가지고 가면 더 잘 잡을지 생각 좀 해 줄래? 왜 이런 부탁을 하냐고? 난 원시인이잖아. 너희는 현대인이고 그치? 그렇다고 우리가 가지고 있지 않은 것들을 가지고 가라고 하면 안 돼. 알았지?

154

★ 삼국시대를 살았던 내 친구 아술랑네 집에서 생긴 일입니다. 아술랑은 새로 생긴 소로 인해 어떤 일을 겪게 될까요? 이야기를 덧붙여 재미있게 꾸며 보세요.

우리 할아버지의 할아버지의 할아버지, 또 그 이전의 할아버지가 사셨을 때는 농사짓는 법을 잘 몰라서 배가 많이 고팠다고 하신다. 먹을거리를 찾으러 강으로 산으로 다녔다니 참 힘들었을 것 같다. 지금 우리 동네에는 큰 저수지가 있어서 비가 안 와도 농사일 걱정을 많이 하시진 않으신다. 나도 저수지에 가 봤는데 정말 사람이 만들었다고는 믿어지지 않을 만큼 어마어마하게 컸다.

며칠 전 우리 아빠는 소 한 마리를 사 오셔서 "이 소 한 마리가 사람 몇 곱절 일은 한다는데"라고 하신다. 소가 그렇게 일을 많이 할까? 난 잘 모르겠다. 하지만 소가 생기니까 내가 할 일이 너무 많아졌다.

★ 조선시대에 살았던 내 친구 익선이는 하루를 어떻게 보냈을까요? 글을 읽고 그 다음 이야기를 이어 보세요.

오늘은 서당에 갔다가 일찍 왔어. 왜냐하면 아빠와 함께 어디 가기로 했거든. 우리 아빠는 궁궐에서 일을 하셔. 온실이라는 곳을 돌보시지. 온실은 한 겨울에 푸른 채소농사를 짓는 곳이라는데 그 동안 온실이 어떻게 생겼는지 정말 궁금했거든. 땅이 꽁꽁 얼어붙은 겨울에 어떻게 농사를 지을 수 있을까? 하고 말이야. 그런데 마침내 오늘 온실을 구경할 수 있는 기회가 온 거야. 온실은 어떤 곳일까? 어떻게 생겼기에 겨울에도 푸른 채소 농사를 지을 수가 있지?
어, 아빠가 들어오신다.
"아빠,

 자, 이제 박물관을 돌아보면서 마무리를 할까요?

초기농경의 시작

그림책 <강아지 똥>에 나오는 강아지 똥은 거름이 되어 민들레꽃을 피웠답니다. 강아지 똥처럼 거름으로 사용되어진 것을 화전모형물에서 찾아 보세요. 산이나 들에 불을 놓아 나무나 풀이 타고 남은 것이 땅을 기름지게 만든 답니다. 이것은 무엇일까요?

청동기시대, 농경문 청동의기

청동기시대에도 돌과 나무로 농기구를 만들어 썼지만 이전 시대보다는 아주 정교해 졌답니다. 쓰임새에 따라 종류도 많아졌지요. 줄긋기를 하며 알아볼까요?

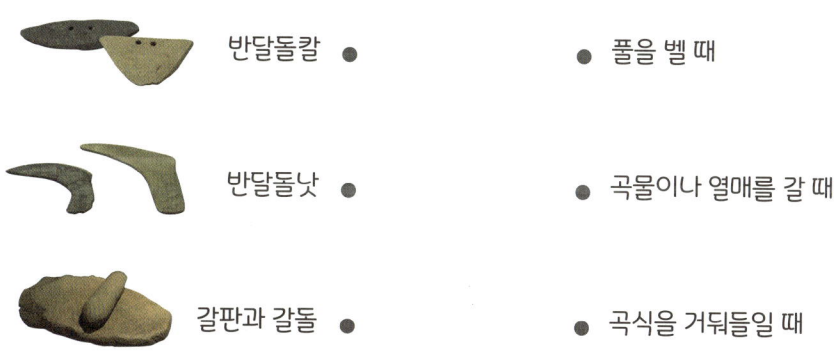

청동기시대, 농경문 청동의기

1. 고려시대에는 다양한 농작물이 재배되었습니다. 특히 문익점이 들여와 의생활에 큰 변화를 가져다 준 농작물이 있답니다. 찾아 보세요.

2. 봄에도 보리를 심을 수 있도록 한 과학적인
   처리 방법이 있었습니다. 이 방법을 무엇이라고 하나요?

3. 이것은 조선후기에 많이 쓰인 벼 농사법 중의 하나입니다. 직접 볍씨를 논에 뿌리는 것이 아니라 싹을 틔운 후에 논에 심었지요. 이렇게 함으로써 쌀을 훨씬 더 많이 수확할 수 있었는데요. 어떤 농사법일까요?

초기농경의 시작

1. 엿장수 아저씨가 엿을 팔고 계십니다. 머리에서 신발까지 잘 살펴보고 개성있는 부분을 찾아보세요. 아저씨께 옷차림에 관한 멋진 아이디어를 주는 것도 좋아요.

- 머리 :

- 손 :

- 허리 :

- 신발 :

2. 대장장이 아저씨가 열심히 일을 하고 계십니다. 아저씨네 가게에는 어떤 물건들이 있는지 찾아 볼까요?

158

05 한국금융사박물관 활동

 한국금융사박물관에서는 재미있는 놀이를 많이 할 수 있습니다. 자, 다음 활동들을 하면서 전시장을 둘러보세요.

전통금융사실

★ 문서를 만들자

이제부터 나는 조선시대 사람! 딸을 시집보내야 하는데 혼수감 마련이 어려워 옆집에서 가을에 갚기로 하고 쌀 다섯 말을 빌렸습니다. 가을에 이자로 다섯 되를 준다고 약속했지요. 약속의 증표로 이 내용을 적고 수결을 했습니다. 여기에 그 문서를 만들어 봅시다. 수결, 잊지마세요!

★ 알쏭달쏭 퀴즈!

1. 어려운 백성을 나라에서 도와 주기 위해 먹을 것이 없을 때 곡식을 빌려 주고 가을에 추수를 해서 갚게 했던 고구려 시대의 구휼제도는 무엇이었을까요?

2. 돈을 빌려 주고 받을 때 이자를 적어 놓은 조선시대 목록 이름을 맞춰 보세요.

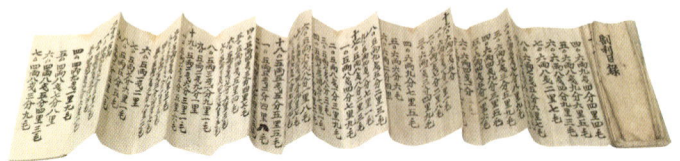

3. 오늘날 사인이나 도장 같은 역할을 했던 수결이 있는 문서가 전시장에 있습니다. 재산을 자식에게 골고루 나눠 준다고 약속 되어 있는 문서는 무엇이지요?

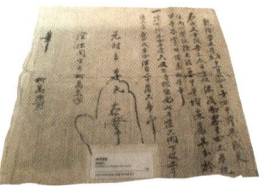

4. 조선시대에 개인이 진 빚을 일가친척들이 나누어 대신 갚아 줘야 한다는 문서를 찾아서 그 이름을 알아보세요.

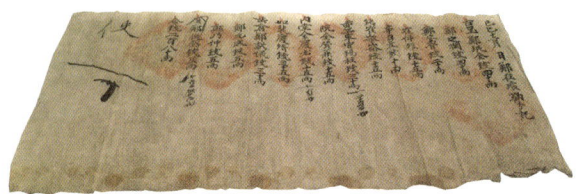

★ 역할극 해보기

이야기를 생각하며 역할극을 해 볼까요? 옛날 조선시대에……

나는 서민 : 서울 남대문 대춧골에 연천군수를 지낸 김인수라는 사람이 있는데 이 사람은 돈이 많아 집에서 전당을 하고 있었어요. 나는 돈이 궁해서 그 사람에게 마누라 금반지를 하나 맡기고 돈을 꾸었다오. 그런데 글쎄, 삼일이 지났다고 바로 전당에 맡긴 물건을 빼앗지 않겠소? 이렇게 억울한 일이 어디 있는지!!

나는 전당포 주인 김인수 :

★ 산가지 셈놀이

산가지 셈놀이 시간입니다. 빼빼로를 가지고 하면 더욱 재미있답니다. 여러 사람과 함께하면 빼빼로를 건드리지 않고 산가지로 계산한 것을 나타내야 하니까 아슬아슬하답니다. 산가지로 다음을 표현해 보세요. 산가지가 없으면 그려 넣으세요.

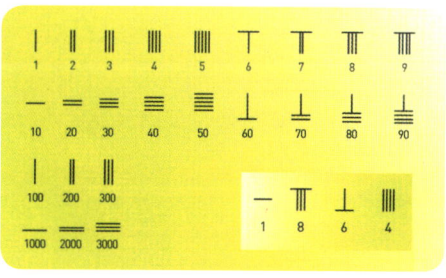

1. 내 나이를 산가지 셈법으로 표시하면?

2. 우리 가족 나이를 합하면?

화폐전시실

★ 관찰의 달인! 화폐전시실에 가다!!

화폐전시실에는 여러 가지 화폐가 많이 있습니다. 잘 살펴보세요. 답이 보인답니다.

1. 옛날에 돈은 아니지만 화폐처럼 사용되었던 물품들이 있었는데, 무엇일까요?

2. 엽전이라는 이름이 왜 생겼을까요?

3. 우리나라 돈에는 여러 가지 무늬들을 사용하고 있습니다. 동물과 식물, 그밖에 다른 것으로 나누어 찾아보세요!

- 식물이 그려진 돈 :

- 동물이 그려진 돈 :

- 그 밖에 다른 무늬 :

4. 1원짜리 동전 1백만 개가 모이면 얼마일까요?

근대금융사실

★ 이제 마지막 문제풀이

1. 은행 창립과 영업 내용을 알리는 광고를 1897년 3월 25일부터 한 달간 독립신문에 광고를 낸 은행이 있습니다. 어느 은행일까요?

2. 당나귀가 은행으로 간 까닭을 옆 사람에게 이야기해 주세요.

3. 나라의 빚을 갚기 위해 온 국민이 힘을 모아 일본으로부터 경제독립을 이루려고 벌인 운동을 알아보세요.

★ 4컷 만화 그리기

나는 동전이에요. 동전이라도 우습게 보지 마세요. 1원도 모이면 백만 원도 되는 거 보셨지요? 동전을 이용해서 재미있는 4컷 만화를 그려 보세요.

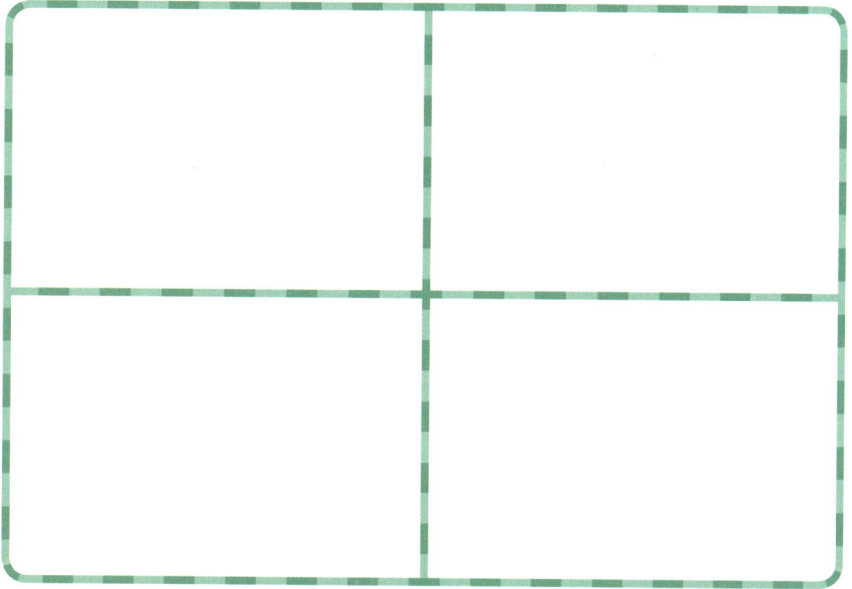

06 우리은행
은행사박물관 활동

 우리은행은행사박물관은 은행 100여 년의 역사가 전시장 가득 있습니다. 전시장을 다니면서 기웃기웃 해 보세요. 그리고 유물과 이야기를 나누어 보세요. 혼란기를 딛고 일어선 오늘날의 은행들도 찾아보고요.

근대은행의 출현

★ 송도사개치부일기 작성하기

개성상인에 의해서 고안된 송도사개치부법은 대한천일은행에서도 사용되었습니다. 여기에 있는 일기책에 쓰인 부호를 직접 찾아 동그라미 해 보세요. 어떤 방법으로 했는지 생생하게 느껴질 거예요.

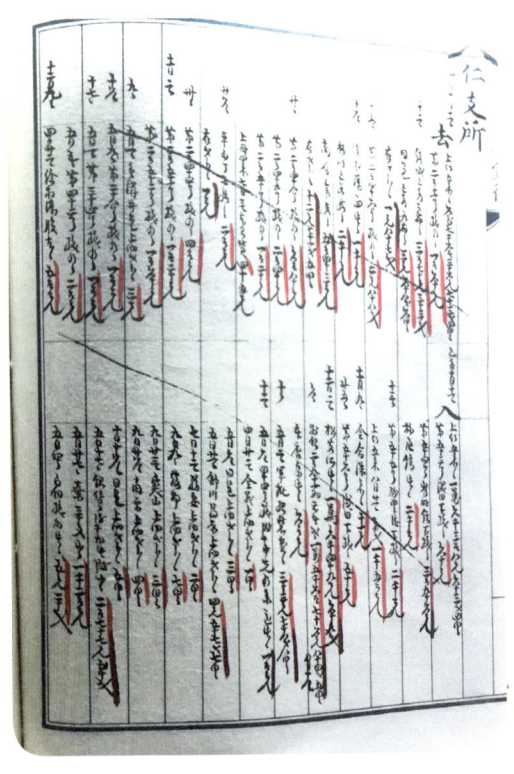

식민지시대의 은행

★ 식민지시대의 은행가 둘러보기

이곳은 일제강점기 때의 은행 거리랍니다. 버튼을 눌러 이곳저곳 다녀 보세요. 그리고 어디어디를 다녀왔는지 이야기해 보세요.

격변기의 은행

★ 내가 만일 한국전쟁 당시의 은행원이라면!

총알이 빗발치던 한국전쟁 당시 은행원의 임무를 끝까지 다했던 아저씨께 편지를 써 보세요.

경제개발기와 금융변혁기의 은행

★ 저축장려운동 이벤트 만들기

안녕하세요? 나는 1970년대의 은행장입니다. 경제개발의 가장 중요한 힘은 저축이라고 생각하지요. 그래야 투자도 이루어지고 경제가 원활하게 돌아가니까요. 저축을 장려하기 위해서 어떤 이벤트를 하면 좋을까요? 마인드맵을 이용해서 여러분의 아이디어를 빌려 주세요.

우리은행 홍보관

★ 미래 은행 만들기

지금의 은행과 예전의 은행은 그 모습이 많이 달라져 있습니다. 앞으로 은행은 어떤 모습일까요? 미래의 은행을 그려 보세요.

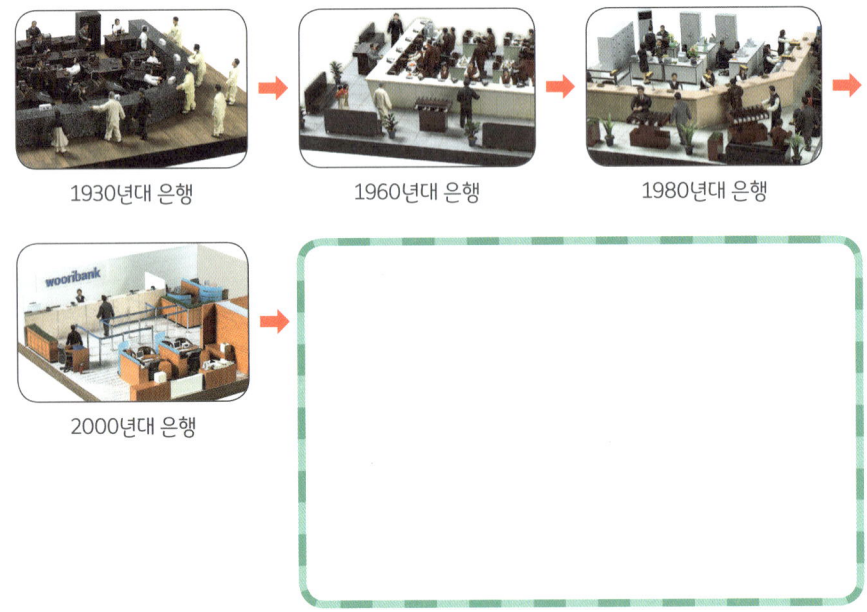

기획전시실

★ 저금통으로 배우는 수학

여기 있는 저금통으로 분류놀이를 해 봅시다. 어려운 것 같지만 아주 쉽답니다. 그저 저금통을 어떻게 나눌까 고민하는 것이죠. 색깔로 나눌까? 아니면 모양이나 나라별로 나눌까? 저금통 사진들을 보면서 생각해 보세요.

동물 친구들 모여라!

★ 저금통으로 꾸미는 이야기

저금통갤러리에서 여러 가지 모양의 저금통은 많이 보았지요? 그 저금통들 중에서 토기로 만들어진 특별한 저금통을 소개합니다. '여인'이라는 제목의 이 저금통은 1850년에 만들어진 것이랍니다. 그 시대의 사람들이 이런 모양의 저금통을 만든 특별한 이유가 무엇일까요? 이 저금통의 입장에서 자신의 생각을 담아 이유를 말해 보세요.

내 이름은 '여인'이랍니다.